# Inhalt

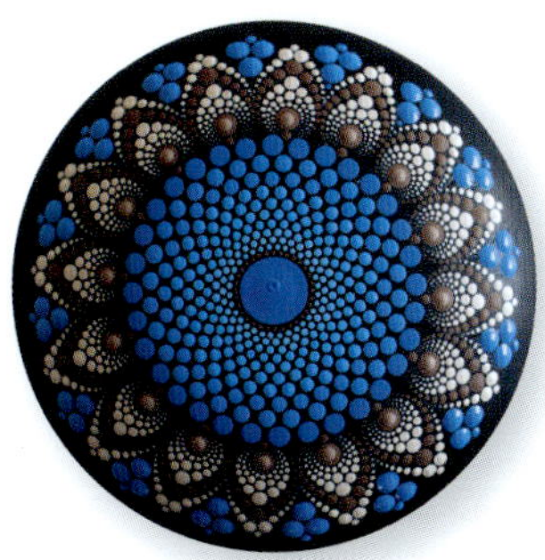



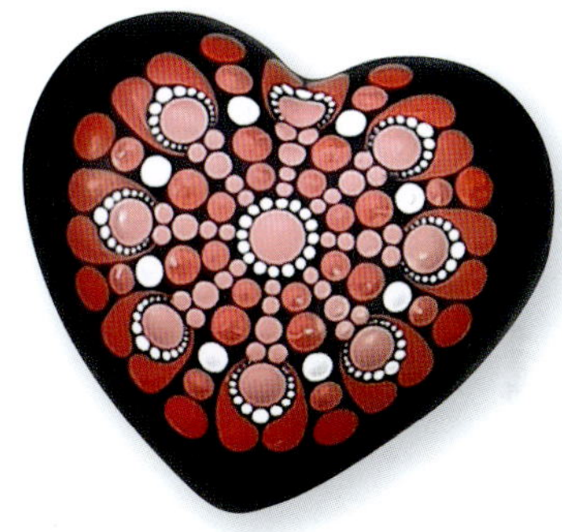

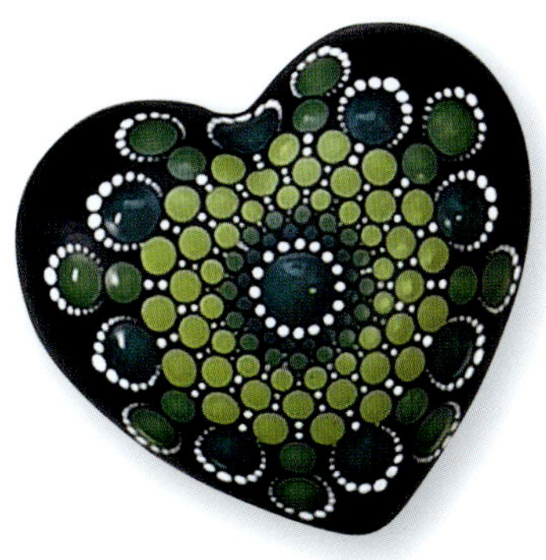

# Materialien

## MALFLÄCHEN

Da Acrylfarbe auf allen fettfreien Untergründen haftet, können wir unsere Mandalas auf verschiedene Oberflächen zaubern: Stein, Holz, Gips, Beton, Leinwand, u. v. m.

Bei glatten Oberflächen reicht es, wenn wir diese mit Acrylfarbe nach Wunsch grundieren. Wichtig ist, dass die Malfläche staub- und fettfrei ist. Möchtest du, dass die Farbe besser auf der Oberfläche haftet, kannst du den Gegenstand erst mit dem Grundiermittel Gesso (siehe Seite 6) vorbehandeln. Auch bei Oberflächen, die nicht ganz glatt sind oder eine Struktur haben (wie z. B. Leinwand oder raues Holz) eignet sich Gesso. In mehreren Schichten aufgetragen glättet es die Malfläche und macht das Bemalen viel angenehmer.

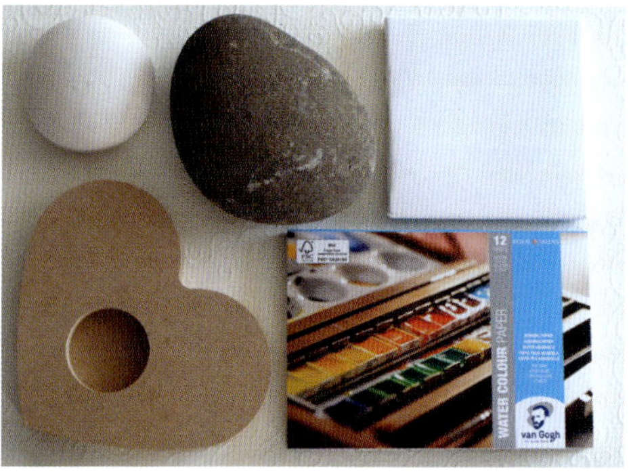


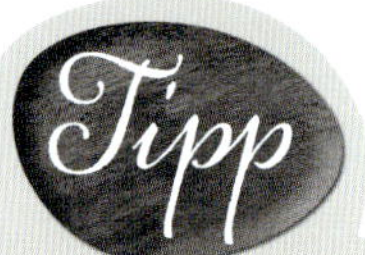


Möchtest du auf Papier malen, sollte dieses sehr dick sein, damit es sich nicht wellt. Meine Empfehlung: Van Gogh Watercolor Paper, 300 g/m².

## NATURSTEINE

In der Regel können alle Designs, die in diesem Buch gezeigt werden, auf Naturstein oder Kunststein gemalt werden. Schwierig wird es nur beim Vorzeichnen mit dem Zirkel und Maßband. Suche dir Natursteine mit einer schönen und glatten Oberfläche, wasche die Steine gut mit warmem Wasser, Seife und einer Bürste ab und lasse sie vollständig trocknen.

Bitte informiere dich, bevor du loslegst und sammle Steine nur dort, wo es erlaubt ist. In Naturschutzgebieten, aber auch in vielen Ländern ist das Sammeln von Natursteinen untersagt.

# STEINE GIESSEN

Die schönen Rohlinge für Dot-Painting können selbst gegossen werden. Alles, was du zum Gießen der Steine brauchst, sind spezielle Gießformen (im Internet zu finden) und eine Gießmasse: entweder Gips, Beton oder eine Keramik-Gießmasse, z. B. Keraflott. Die Gießmasse sollte nach Anleitung angerührt und das Mischverhältnis eingehalten werden. Um Luftblasen bzw. Löcher in den fertigen Formen zu vermeiden, kannst du die Gießform nach dem Befüllen ausklopfen und sogar mit einem alten Pinsel von innen auspinseln. Der Pinsel bringt die Blasen zum Zerplatzen und du erhältst einen schönen glatten Rohling. Zum Schluss kannst du ihn von unten mit feinem Schleifpapier abschleifen, damit er auch von unten schön glatt ist. Die Trocknungszeit gegossener Rohlinge variiert abhängig von der verwendeten Gießmasse. Bei Gips beträgt diese Zeit in der Regel wenige Tage und die Rohlinge werden heller, leichter und glatter.

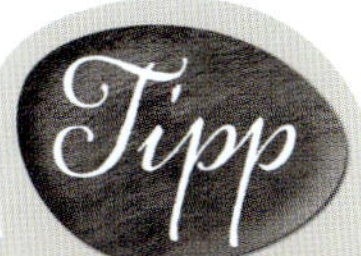


Wenn es schneller gehen soll, kannst du die frisch gegossenen Rohlinge aus Gips in den Backofen auf 100 Grad mehrere Stunden (abhängig von der Größe) „backen" und im Backofen auskühlen lassen. Wenn diese hell, trocken und leicht sind, sind sie einsatzbereit!

# WERKZEUGE

Mandala-Steine kannst du ganz einfach mit Haushaltsgegenständen bemalen. In der Regel eignet sich zum Punkte machen alles, was eine runde Seite hat: Rückseiten von Pinseln und verschiedenen Stiften, der Radiergummi eines Bleistifts, Holzspieße, Stricknadeln, Stopfnadeln und vieles mehr!

Die offiziellen Werkzeuge des Dot Painting heißen Dotting Tools und es gibt auf dem Markt diverse Angebote. Meistens bestehen sie aus zwei Sets. Das erste Set beinhaltet mehrere Acrylstäbchen (Stäbchentools) in verschiedenen Größen für große Punkte. Das zweite Set enthält mehrere Stifte mit kleinen Kugeln aus Metall (Kugeltools) in verschiedenen Größen.

Für filigrane Punkte eignet sich am besten eine Stopfnadel, ein alter leerer Fine Liner oder ein Detailpinsel in der Größe 000 und kleiner.

# FARBEN

Ein Mandala-Stein sieht viel schöner aus mit farbintensiven, brillanten und leuchtenden Punkten. Wenn du schöne Mandalas machen möchtest, solltest du mit gutem Material arbeiten. Am besten suchst du dir einen Hersteller, dessen Produkte dir gut gefallen und bleibst bei der Produktpalette dieses Herstellers, da diese Produkte aufeinander abgestimmt sind. Acrylfarben sind wasserbasierte Farben und werden in Döschen, Fläschchen und Tuben (Studio- und Künstlerqualität) angeboten. Sie können leicht mit ein wenig Wasser auf die passende Konsistenz gebracht werden, sind nach dem Trocknen wasserfest und können gut untereinander gemischt werden.

In deinem Set sind fünf Acrylfarben in den Farben Schwarz, Weiß, Blau, Rot und Gelb, zwei Dotting Tools mit vier Spitzen und zwei Herzsteine aus Gips (ca. 6 x 5,8 cm und 5 x 4,4 cm) enthalten. Der größte Herzstein (nicht im Set enthalten) hat eine Größe von ca. 7,6 x 6,7 cm.

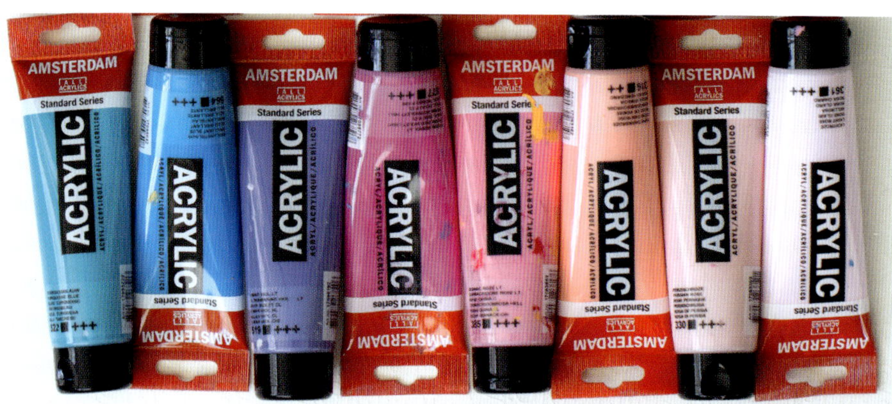


## DIE QUALITÄT

Hier gilt eine einfache Regel: was nicht draufsteht, ist nicht drin. Farben von geringer Qualität enthalten oft zu viel Füllstoff, decken nicht gut, sind bzgl. Deckkraft und Lichtechtheit nicht gekennzeichnet und haben oftmals auch einen unangenehmen Geruch. Feinste Künstlerfarben werden im Vergleich zu Studienfarben mit teureren Pigmenten in einer höheren Konzentration hergestellt.

Meine Empfehlung für eine Grundausstattung für das Dot Painting sind die folgenden Amsterdam Studio-Farben: Titanweiß, Oxidschwarz und ein gut deckendes oder halbdeckendes Rot, Blau und Gelb. Du kannst dich aber natürlich auch erst einmal selbst durch verschiedene Farben und Produkte testen und prüfen, was dir am besten gefällt.

## DIE DECKKRAFT

Für das Dot Painting eignen sich deckende Farben am besten, da es viel schöner wirkt, wenn die Punkte leuchten und „satt" wirken, als wenn sie durchsichtig sind und man die Hintergrundfarbe durch die Punkte hindurch erkennen kann.

Acrylfarbe wird allgemein als „deckende" Farbe eingestuft, dennoch variiert dies und es gibt deckende und transparente Farbtöne. Auf Farbtuben findest du folgende Kennzeichnungen:

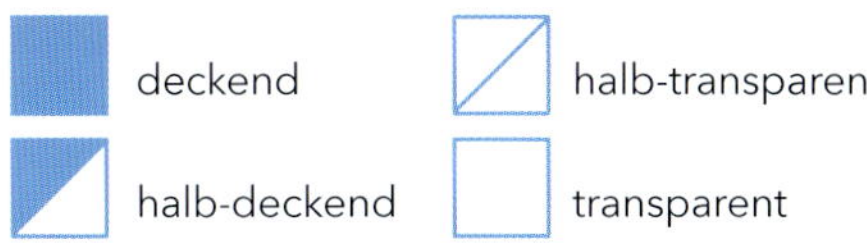


Halbtransparente und transparente Farben eignen sich sehr gut für diverse Techniken der Acrylmalerei, für das Dot Painting sind sie aber weniger geeignet.

## DIE KONSISTENZ

Farbe allgemein und ganz besonders ihre Konsistenz sind das A und O im Dot Painting. Ist die Farbe zu dick, haben die Punkte später eine Spitze und es wird sehr schwierig, die Größe und Gleichmäßigkeit der Punkte zu kontrollieren. Ist die Farbe jedoch zu flüssig, besteht die Gefahr, dass die Punkte verlaufen oder transparent trocknen.

Tubenfarben sind sehr pastos und müssen für das Dot Painting immer verdünnt werden. Zum Verändern der Konsistenz eignet sich Wasser, je nach Technik aber auch diverse Malmittel wie z. B. Acrylic Medium.

Zwischen der pastosen (wie sie in der Tube ist) und einer ganz wässrigen Konsistenz, gibt es viele Zwischenstufen und nicht nur eine perfekte Konsistenz, die sich für das Dot Painting gut eignet. Zum Teil ist es Geschmackssache, zum Teil aber auch von der Technik abhängig, wie flüssig oder pastos unsere Farbe beim Malen sein sollte.

Grundsätzlich solltest du die Farbe auf einer Farbmischpalette 1:1 mit Wasser verdünnen (1 Anteil Farbe und 1 Anteil Wasser) und anschließend mit einem Kugeltool gut und lange verrühren. Rühre so lange, bis du keinen Unterschied zwischen Wasser und Farbe erkennen kannst. Die Farbe sollte dann eine Konsistenz haben, die Joghurt oder warmem Honig ähnelt.

Du kannst ganz einfach testen, ob die Konsistenz passt, indem du beim Rühren das Kugeltool sehr langsam aus der Farbe ziehst:

- Siehst du, dass sich die Farbe in der Palette langsam legt und die Schwerkraft auf sie wirken kann, ist die Konsistenz für deine Punkte gut geeignet.
- Bildet sich eine Spitze auf der Palette in der Farbe oder hinterlässt dein Tool beim Rühren eine Spur (Schlucht) die sich nicht legt, heißt das, die Farbe ist zu dick.
- Wenn dein Tool beim Rühren gar keine Spur hinterlässt und deine Farbe komplett flach bleibt, nachdem du das Tool herausgenommen hast, ist die Farbe zu flüssig.
- Wenn die Farbe zu pastos oder zu flüssig ist, erkennst du wenig oder keine Bewegung auf der Palette, wenn du das Tool

nach dem Rühren langsam herausgezogen hast. Wenn die Farbkonsistenz passt, du damit deine ersten Punkte machst und erkennst, dass diese Punkte teils deckend und teils transparent sind, wurde die Farbe nicht gut genug verrührt.

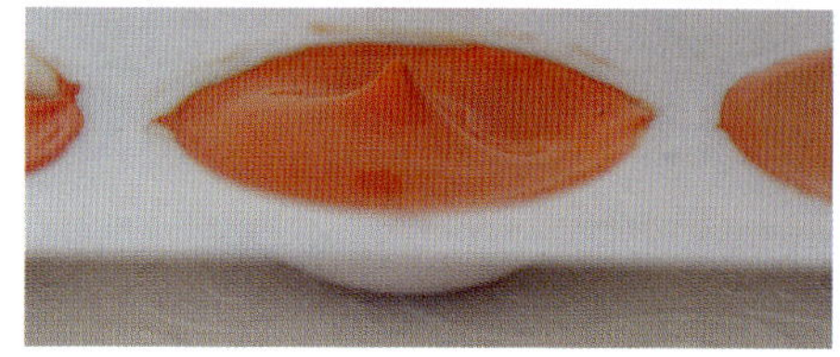

## LUFTBLASEN IN DER FARBE

Manchmal bilden sich beim Verdünnen der Farbe kleine Luftblasen, die nach dem Trocknen zu kleinen Löchern in den einzelnen Punkten werden.

Luftblasen entstehen meistens, weil wir der Farbe zu wenig Wasser beigeben. Bis wir gemerkt haben, dass es zu wenig ist und dass wir nochmals nachgießen müssen, sind die Luftblasen schon in der Farbe. Mit etwas Übung bekommst du jedoch schnell ein Gefühl für die richtige Menge Wasser.

Wenn die Luftblasen sich schon gebildet haben, helfen 2–3 Tropfen Geschirrspülmittel, um diese zum Platzen zu bringen. Füge das Spülmittel der Farbe hinzu und rühre nochmals um.

# MALMITTEL

Malmittel sind Substanzen, die man mit der Farbe mischt, um deren Konsistenz, Deckkraft, Trocknungszeit oder Glanz zu verändern. In der Acrylmalerei gibt es diverse Malmittel, von denen du einen Teil auch für deine Dot Painting-Werke verwenden kannst.

## GESSO

Gesso eignet sich zum Grundieren von diversen absorbierenden Untergründen wie z. B. Leinwand und Holz. Es verbessert das Haften der Acrylfarben und glättet die Malfläche etwas aus. So können auch auf der Leinwand – trotz der Struktur im Gewebe – schöne und filigrane Dot Painting Kunstwerke entstehen. Auch versiegelt es die Oberfläche und kann verwendet werden, um das Aufsaugen der Farbe zu verhindern. Somit bleiben die Punkte (wenn die Farbkonsistenz darauf abgestimmt wurde) auch nach dem Trocknen gewölbt.

Schwarzes Gesso nutze ich für Flächen, die ich sowieso in Schwarz grundiert hätte. Weißes Gesso kann dagegen verwendet werden, wenn später eine andere Grundierfarbe aufgetragen werden soll. Transparentes Gesso eignet sich gut, wenn der Original-Untergrund der Malfläche nicht verändert, sondern nur etwas ausgeglättet werden soll, z. B. bei Holz.

## ACRYLMALMITTEL (ACRYLIC MEDIUM)

Du kannst deine Acrylfarbe mit diesem Malmittel nach Lust und Laune matt oder glänzend verdünnen, wenn du nicht möchtest, dass deine Punkte ganz flach trocknen.

## HEAVY GEL MEDIUM

Dieses Malmittel kannst du in Kombination mit Acrylic Medium, Farbe und Wasser für extreme 3D-Effekte, Punkte und Elemente nutzen.

## ACRYLVERZÖGERER

Bei größeren Projekten (Leinwand oder Papier) passiert es oft, dass die Farben mit der Zeit auf der Palette antrocknen. Um dies zu verzögern, kannst du ein paar Tropfen Acrylverzögerer in die Farbe mischen. So muss nicht immer Wasser nachgegossen werden, um die Farben frisch zu halten und es wird vermieden, dass die Farbe zu stark ausdünnt und die Punkte später transparent antrocknen.

# PINSEL

## FLACHPINSEL

Zum Grundieren und Versiegeln eignen sich Flachpinsel mit Synthetikhaar. Die Größe des Pinsels kannst du der Größe des Projektes anpassen, so empfehle ich dir einen Flachpinsel Gr. 14 für Steine mit einem Durchmesser von 8 bis 12 cm.

## RUNDPINSEL

Für filigrane Arbeiten, kleine Punkte, Walking Dots und Swipes, aber auch zum Grundieren kleiner Objekte, eignen sich Rundpinsel in diversen Größen. So verwende ich für Mini-Punkte und filigrane Arbeiten die Pinselgröße 000 und kleiner. Mit wenig Farbe, nur auf der Spitze des Pinsels, kannst du lange, filigrane Walking Dots zaubern (siehe Seite 14).

*Tipp*

Nimm dir Zeit und übe langsam. Berühre die Malfläche nur mit der Farbe auf dem Pinsel, nicht mit den Pinselhaaren selbst und arbeite mit mehr und weniger Druck. Verlasse dich 100 % auf deine Augen, da du im Vergleich zum Malen mit Dotting Tools den Kontakt mit der Malfläche nicht spüren kannst.

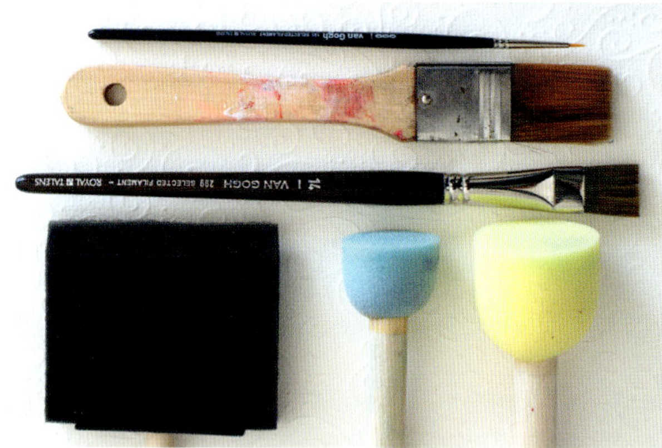

### SCHWAMMPINSEL

Mit Schwammpinseln in diversen Größen und Formen lassen sich Steine gut grundieren, aber auch mehrfarbige Grundierungen mit Farbverlauf zaubern. Du kannst natürlich auch einen handelsüblichen Schwamm dafür nehmen, den du aus einer Drogerie bekommst.

## HILFSWERKZEUG

Außer Werkzeugen, Farben und einer Malfläche brauchst du folgendes:

- Bleistift
  Ideal mit einem Härtegrad von 3B bis 6B. Ein weicher Bleistift zerkratzt die Fläche des Steins nicht und lässt sich besser wegradieren.
- Radiergummi
- Zirkel mit Stiftehalter
- Maßband zum Vorzeichnen der Linien
- Pinselbecher mit sauberem Pinselwasser
- Farbmischpalette aus Kunststoff mit mind. sechs runden Farbfächern für das Verdünnen und Mischen der Farben
- Wattestäbchen zum Korrigieren von kleinen Fehlern

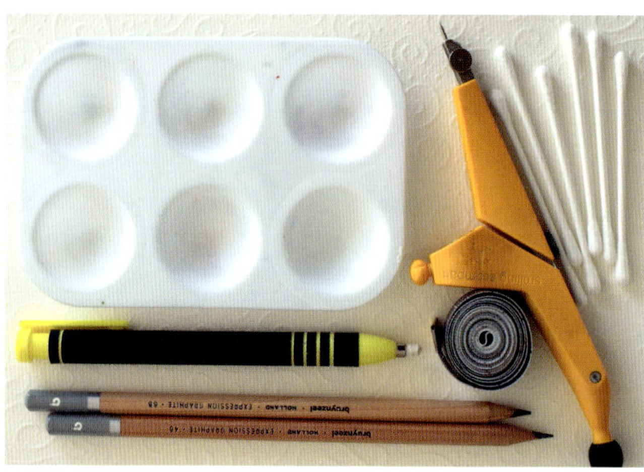

# Grundlagen

## FARBLEHRE

Was Mandala-Steine so schön macht, sind Symmetrie, Design und Farbe. Doch welche Farben lassen sich am besten kombinieren, damit der Stein harmonisch wirkt?

## DIE PRIMÄRFARBEN

Die Farben Gelb, Blau und Rot können nicht aus anderen Farben gemischt werden und zählen daher zu den Primärfarben.

## DIE SEKUNDÄRFARBEN

Sie entstehen mit dem Mischen von zwei Primärfarben (Rot + Gelb = Orange; Gelb + Blau = Grün; Blau + Rot = Violett). Das Mischergebnis hängt vom Anteil der jeweiligen Primärfarben ab. Mischst du z. B. Orange mithilfe von Rot und Gelb, wird dieses Orange dunkler, wenn du mehr Rot hinzufügst und heller, wenn du mehr Gelb hinzufügst.

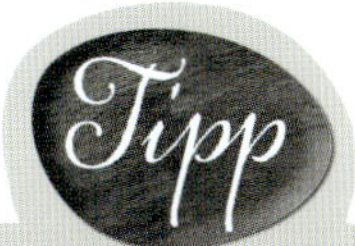


Beginne beim Mischen von zwei Farben immer mit dem helleren Farbton. Vom dunkleren Farbton braucht es meistens viel weniger und es ist einfacher, dem hellen Ton einen Tropfen vom dunkleren hinzuzufügen, als dem dunklen ganz viel vom hellen.

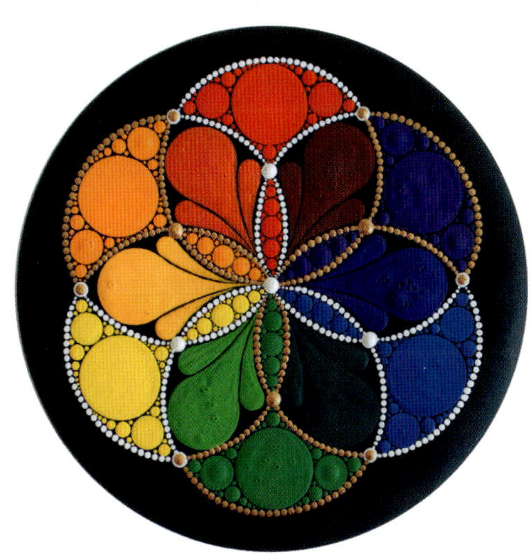

## DIE TERTIÄRFARBEN

Tertiärfarben entstehen aus der Mischung einer Primär- und einer Sekundärfarbe (z. B. Primärfarbe Blau + Sekundärfarbe Grün = Tertiärfarbe Blaugrün).

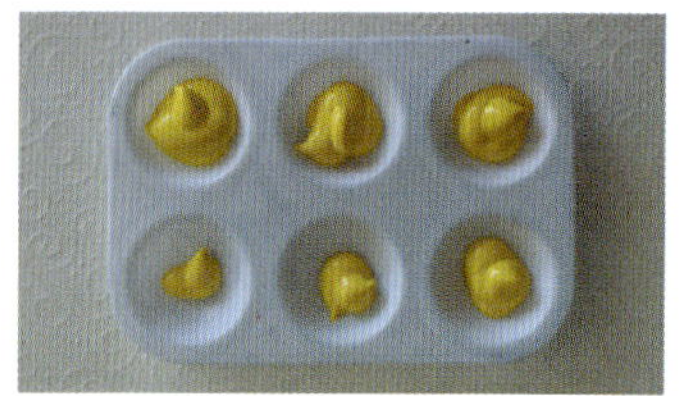 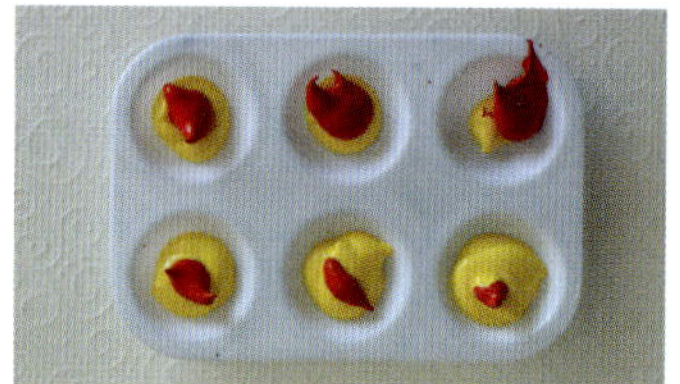 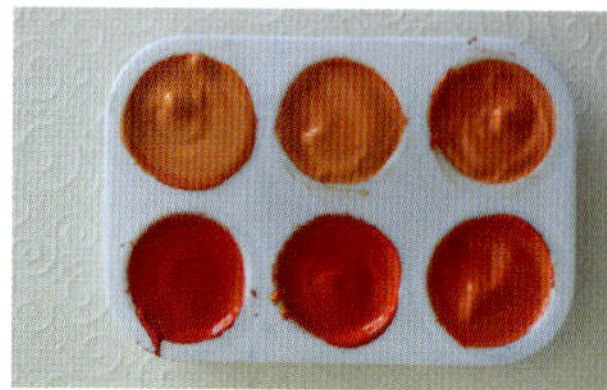

## FARBVERLÄUFE

Möchtest du einen Farbton aufhellen, solltest du dies mit einem helleren Farbton der gleichen Farbe machen. So kannst du z. B. ein dunkles Blau mit einem Hellblau aufhellen. Durch das Mischen mit Weiß entstehen eher Pastelltöne.

Dasselbe gilt beim Abdunkeln einer Farbe. Am besten funktioniert dies mit einem dunkleren Farbton der gleichen Farbe. Das Abdunkeln mit Schwarz kann zu Verschmutzungen der Farbe führen.

Ein Beispiel: Beim Mischen eines orangenen Farbverlaufes fängst du am besten mit der helleren Farbe (Gelb) an und gibst von dieser ein wenig Farbe in das erste Farbfach deiner Palette. In jedes weitere Farbfach gibst du etwas mehr Gelb und wiederholst diesen Vorgang bei jedem Farbfach, bis du im sechsten Farbfach am meisten Gelb hast. Danach fängst du mit der dunkleren Farbe (Rot) an. Du gibst einen ganz kleinen Tropfen Rot in das Farbfach in dem es am meisten Gelb hat. Danach gibst du in jedes weitere Farbfach etwas mehr Rot, bis du in allen sechs Fächern Rot und Gelb hast. Als nächstes fügst du Wasser hinzu und verrührst alles gut. Dein Farbverlauf ist einsatzbereit!

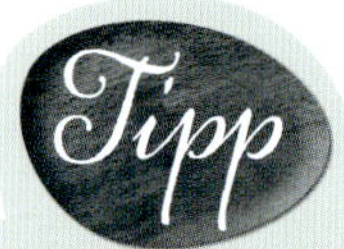


Durch das Mischen von Komplementärfarben kannst du Schwarz- oder Brauntöne erzeugen.

## FARBKOMBINATIONEN

Wenn du lernst, in welcher Beziehung Farben zueinander stehen und sie dementsprechend richtig einsetzt, kann dies einen großen Einfluss auf die Wirkung deines fertigen Mandalas haben.

Schön kombinieren lassen sich verwandte Farben, also die Farben, die im Farbkreis nebeneinanderliegen sowie ihre Zwischenstufen. So ergeben etwa die Farben Rot und Orange mit mehreren Zwischenstufen einen sehr schönen Farbverlauf mit 3D-Wirkung.

Komplementärfarben sind immer eine Primär- und eine Sekundärfarbe, die im Farbkreis gegenüberliegen. Das Mischen von zwei Primärfarben ergibt die Komplementärfarbe der dritten Primärfarbe (Rot + Gelb = Orange, Orange ist komplementär zu Blau). Auch Komplementärfarben kann man sehr geschickt einsetzen, da diese oftmals einen sehr schönen Kontrast aufweisen und den Stein so richtig zum „Leuchten" bringen können. Eine sehr schöne Wirkung auf Mandala-Steinen hat der Einsatz einer Farbe, z. B. Violett, kombiniert mit ihrer Komplementärfarbe (Gelb) in Metallic, also Gold.

Auch lassen sich Farben in warm und kalt einteilen. Als warme Farben gelten in der Regel Rot, Orange und Gelb. Als kalte Farben gelten Violett, Blau und Grün. Warme Farben treten visuell nach vorne und kalte nach hinten.

Ein Hauch von Weiß, Elfenbein oder einer anderen hellen Farbe sorgt für schöne und feine Highlights im Mandala, was die Konturen vom Muster zusätzlich betont. Metallicfarben eignen sich perfekt für Top Dots (kleinere Punkte auf großen Punkten, nachdem diese getrocknet sind).

## TECHNIK

Bevor du mit deinem ersten Dot Painting startest, solltest du die folgenden Punkte der Reihe nach beachten:

Verwende für deine Übungen dickes A4-Papier (min. 200 g/m²) und ein Kugeltool und schaue was passiert, wenn …

… du das Kugeltool zwischen Farbaufnahme und Farbabgabe drehst.

Das Erste und Wichtigste ist sicherlich die Farbkonsistenz, denn sie ermöglicht es uns, schöne, gleichmäßige und vor allem runde Punkte zu machen und trägt dazu bei, dass unsere Swipes gelingen, schön geformt sind und lang werden. Wenn wir die verdünnte Farbe mit unserem Tool aufnehmen, sollte die Farbe auf dem Tool in Form eines Tropfens „hängen". Dieser Tropfen sollte immer nach unten gerichtet sein und das Tool zwischen Farbaufnahme und Farbabgabe auf keinen Fall gedreht werden.

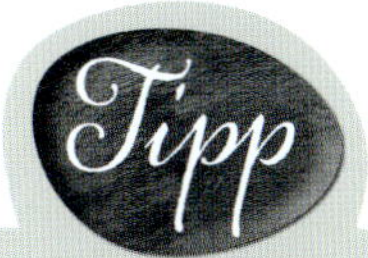


Mache deine Top Dots nie zu klein, da sie dann nur schlecht sichtbar sind und Unruhe in das Muster bringen. Verwende für diese Punkte ähnliche Farben wie bei den Punkten, auf die du sie setzen möchtest, um die Harmonie des Steins beizubehalten.

… du mehr und wenn du weniger Farbe mit dem Tool aufnimmst.

Als nächstes kannst du die Farbladung testen – also die Menge der Farbe, die du mit deinem Tool aufnimmst. Du kannst die Farbe so aufnehmen, dass diese nur an der Spitze des Tools ist, oder das Tool 1 cm tief in die Farbe tunken. Dies hat einen großen Einfluss auf die Größe der Punkte. Je tiefer du das Tool in die Farbe tunkst, desto größer wird dein Punkt.

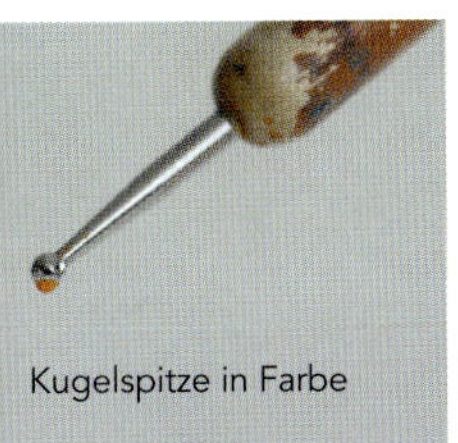

Kugelspitze in Farbe

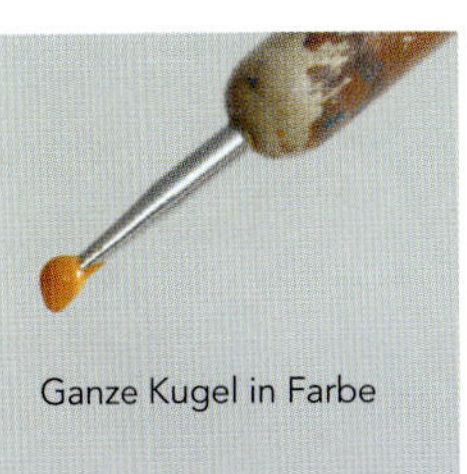

Ganze Kugel in Farbe

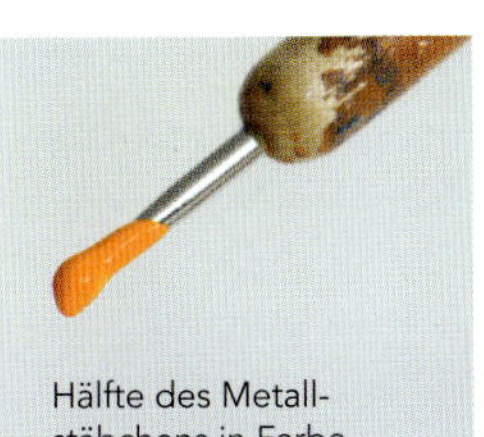

Hälfte des Metallstäbchens in Farbe

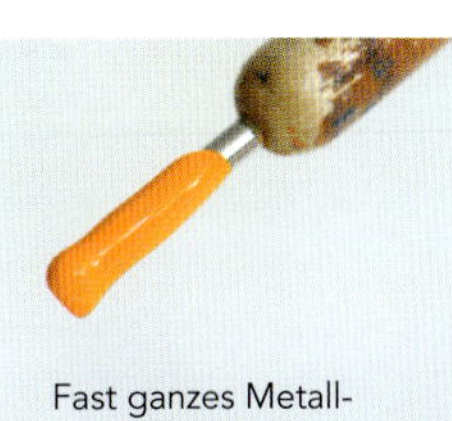

Fast ganzes Metallstäbchen in Farbe

... du mit der gleichen Farbladung mehr oder weniger Druck anwendest.

Auch spielt der Druck, den du beim Malen anwendest, eine große Rolle. Nimmst du beispielsweise viel Farbe auf und gibst diese so auf die Malfläche ab, dass du den Kontakt zur Malfläche spürst, wird der Punkt größer, als wenn du mit der gleichen Farbladung nur mit der Farbe des Tools und nicht mit dem Tool selbst die Malfläche leicht berührst. Bei letzterem spürst du den Kontakt mit der Malfläche nicht und musst dich 100 % auf deine Augen verlassen.

... du größere Punkte mit dem gleichen Tool machst.

Wie weiß ich, welche Toolgröße ich benötige? Dies ist eine Frage, die sich Anfänger sehr häufig stellen. Es gibt leider keine pauschale Antwort, außer: Übung. Denn das was die Größe der Punkte ausmacht, ist mehr die Farbladung als die Größe des Tools (besonders bei Kugeltools).

Dennoch gibt es zwei Methoden, die am Anfang hilfreich sein können, dies zu bestimmen: entscheide dich für eine Farbladung (z. B. ganze Kugel in Farbe) und wenn du größere Punkte brauchst, kannst du ein Tool in einer Größe größer zur Hand nehmen und die gleiche Farbladung verwenden.

Alternativ kannst du es wie ich machen. Die Größe des Tools spielt in meiner Methode erst dann eine Rolle, wenn das Tool, das ich in der Hand habe, an seine Grenzen kommt. Für den ersten Kreis um den Mittelpunkt herum nehme ich ein Tool mit ganz wenig Farbe darauf.

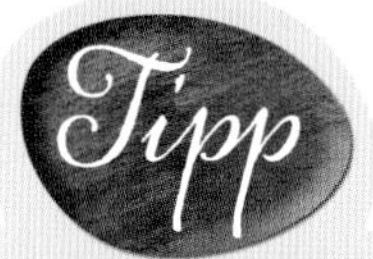


Schaue immer genau hin wie viel Farbe du aufnimmst. Wenn du nicht das Maximum an Farbe aufnehmen kannst, dann hast du nicht genügend Farbe auf der Palette oder brauchst ein tieferes Gefäß. Kleine Mini-Marmeladengläser eignen sich sehr gut. In ihnen kannst du die Farbe verdünnen und sie lange aufbewahren, ohne dass sie trocknet.

In jedem weiteren Kreis sollten meine Punkte größer werden als im Kreis davor, also nehme ich mit dem gleichen Tool für jeden weiteren Kreis mehr Farbe auf als im Kreis davor. Diesen Vorgang wiederhole ich, bis ich nicht mehr Farbe auf das Tool aufnehmen kann als ich es schon gemacht habe und wechsle erst dann das Tool.

... deine Hand stabil auf dem Tisch liegt.

Dotting Tools solltest du immer tief unten halten, damit deine Hand jederzeit auf dem Tisch liegen kann. Diese Stabilität ist eine große Hilfe und ermöglicht dir, viel kontrollierter und präziser zu arbeiten und die Punkte genauer zu setzen.

... du Punkte langsamer malst als bisher.

Beim Punkte malen, ganz besonders am Anfang, solltest du es langsam angehen. Nimm dir Zeit, erforsche, experimentiere mit deiner Farbe und den Tools. Arbeite achtsam und konzentriert, denn nur, wenn du langsam arbeitest, kommst du schnell ans Ziel!

# Erste Übungen

## KUGELTOOLS

Kugeltools werden für kleine Punkte und Walking Dots, aber auch für Swipes und Top Dots eingesetzt.

Im Gegensatz zu Stäbchentools müssen Kugeltools nicht vertikal gehalten werden, aber dennoch tief unten wegen des stabilen Halts. Die beste und bequemste Position ist die, mit der du auch deinen Stift beim Schreiben hältst.

Entscheide dich für eine der vier aufgeführten Farbladungen. Nimm Farbe auf und gib diese Farbe mit dem gleichen Winkel auf dein Papier ab (ohne das Tool zwischen Farbaufnahme und Farbabgabe zu drehen). Hier darfst und solltest du, im Gegensatz zum Malen mit Stäbchentools, den Kontakt mit der Malfläche spüren.

Kugeltools solltest du zwischen den Punkten regelmäßig mit einem alten trockenen Baumwolltuch abwischen. Die Farbe auf den Tools trocknet sehr schnell und die frische Farbe, die du aufnimmst, sammelt sich mit der Zeit nicht nur auf dem Tool, sondern auch auf der angetrockneten Farbe des Tools. Das führt dazu, dass deine Punkte immer größer werden, obwohl du das Gefühl hast, immer gleich viel Farbe aufzunehmen. Wischst du deine Tools regelmäßig beim Malen ab, musst du sie auch nach dem Malen nicht putzen und die angetrocknete Farbe wegkratzen. Sie werden immer sauber und einsatzbereit sein.

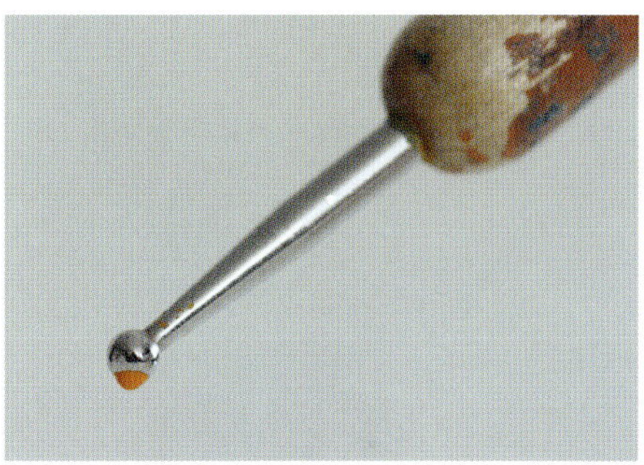

Übung 1: Setze mit einem Kugeltool mehrere gleich große Punkte mit haarbreiten Abständen dazwischen nebeneinander.

Übung 2: Setze mit dem gleichen Kugeltool wie in Übung 1 mehrere gleich große Punkte nebeneinander. Die Punkte sollten aber kleiner sein als die Punkte in Übung 1.

Übung 3: Nimm ein kleineres Kugeltool und setze mehrere gleich große Punkte nebeneinander, die so groß sind wie die Punkte aus Übung 1.

Übung 4: Nimm mit einem Kugeltool viel Farbe auf. Setze jeweils zwei gleich große Punkte nebeneinander, ohne dazwischen neue Farbe aufzunehmen. Arbeite hierzu mit Druck. Für den ersten Punkt berührst du das Papier nur mit der Farbe des Tools, beim zweiten mit dem Tool selbst. Wenn du dies gemeistert hast, kannst du versuchen auch drei, vier oder fünf gleich große Punkte mit einer Farbladung zu setzen.

## STÄBCHENTOOLS

Diese Tools werden für größere, meistens einzelne Punkte verwendet.

1 Halte das Stäbchen vertikal, nahe an der unteren Kante, damit du deine Hand auf dem Tisch abstützen kannst.

2 Nimm die Farbe so auf, dass die gerade Fläche des Tools mit Farbe abgedeckt ist und achte darauf, dass du für jeden Punkt gleich viel Farbe aufnimmst.

3 Gib die Farbe ohne zu viel Druck kontrolliert auf das Papier ab. Drückst du mit einem Stäbchen zu fest, wird die Farbe auf die Seiten gequetscht, der Punkt wird nicht schön rund und hat leere Stellen.

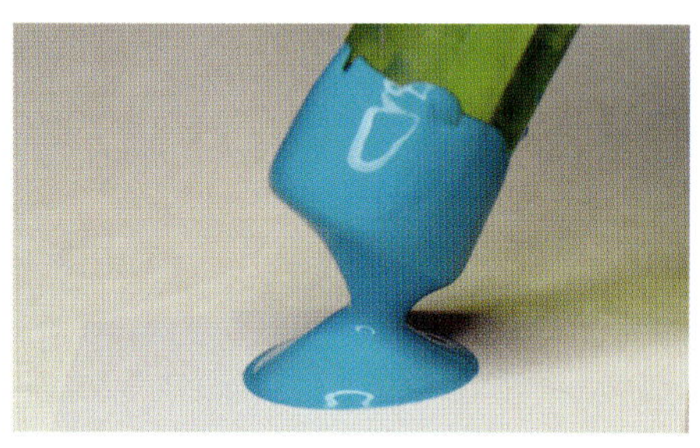

Mache deine ersten Punkte langsam und in Zeitlupe, damit du den Zeitpunkt erkennst, zu dem der Punkt die gewünschte Größe erreicht hat.

4 Mache mehrere gleich große Punkte nebeneinander mit haarbreiten Abständen dazwischen. Probiere dies mit jedem Stäbchentool.

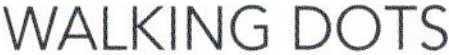

## WALKING DOTS

Nimm mit einem Kugeltool Farbe auf und setze mehrere Punkte nebeneinander, ohne zwischen den Punkten neue Farbe aufzunehmen. Die Punkte werden immer kleiner bis die Farbe aufgebraucht ist. Nimmst du mehr Farbe mit dem Tool auf, wird der Weg den du gehen kannst etwas länger, aber die Punkte werden auch etwas größer.

Übung:

1 Setze einen größeren Punkt mit einem Stäbchentool.

2 Verwende anschließend ein Kugeltool mit zwei verschiedenen Kugelgrößen. Mit der größeren Kugel machst du einen Punkt oberhalb des ersten Punktes.

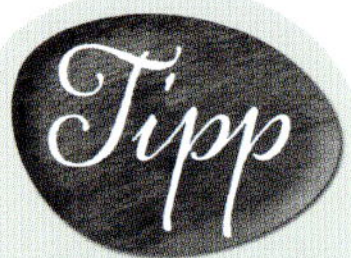


Möchtest du längere Wege mit Walking Dots gehen, ohne dass die ersten Punkte größer werden, verwende ein kleineres Tool mit einer viel größeren Farbladung.

3 + 4 Mit der kleineren Kugel machst du deine Walking Dots vom kleineren Punkt aus von beiden Seiten um den ersten Punkt herum. Achte immer darauf, dass der Abstand der Walking Dots untereinander, aber auch der Abstand zwischen den Walking Dots und des ersten Punktes immer gleich klein gehalten wird.

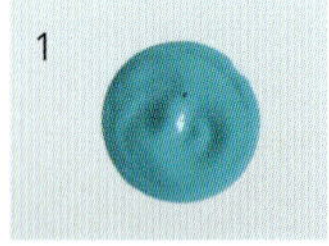


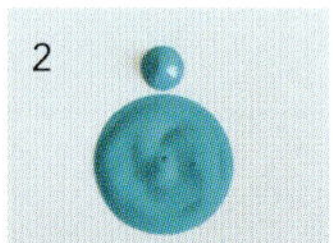


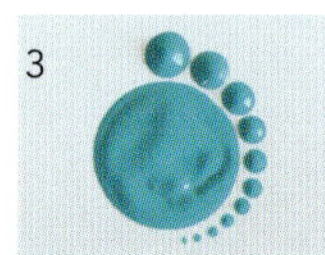


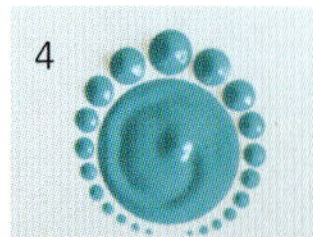

## SWIPES VARIANTE 1

Diese tropfenförmigen Elemente werden mit einem Kugeltool in einer langsamen, fließenden Bewegung gemacht. Nimm viel Farbe mit deinem Tool auf und ziehe ganz langsam einen vertikalen Strich, bis keine Farbe mehr kommt. Fertig ist dein Swipe.

Für gelungene Swipes gibt es drei Voraussetzungen.

1. Die Konsistenz der Farbe: Mit einer pastosen Farbe funktionieren Swipes nur sehr schlecht, sie werden kurz und es ist sehr schwierig, gleich große Swipes zu malen. Die Farbe sollte recht flüssig sein.

2. Die Farbladung: Wenn du schöne und lange Swipes ziehen möchtest, brauchst du sehr viel Farbe auf deinem Kugeltool. Tauche dein Tool daher ca. 1 cm tief in die Farbe. Falls das nicht geht, benötigst du ein tieferes Gefäß oder mehr Farbe auf deiner Palette.

3. Die Geschwindigkeit, mit der du die Swipes ziehst: Die Farbe braucht Zeit, um vom Tool auf die Malfläche zu fließen, daher funktionieren Swipes um einiges besser, wenn man sie langsam macht.

Übung 1: Gib ein wenig Farbe aus der Tube auf deine Mischpalette und verdünne diese vorerst nicht. Male mit dieser Farbe einen

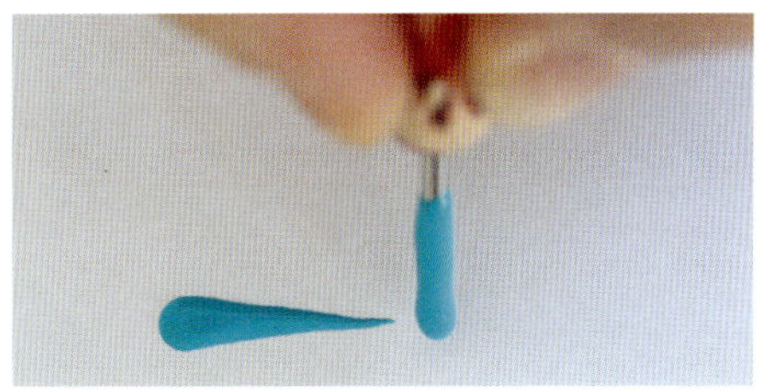

Swipe auf dein Blatt Papier. Füge ein paar Tropfen Wasser in deine Farbe, verrühre es gut und mache einen weiteren Swipe direkt neben den ersten. Wiederhole diesen Vorgang so lange, bis deine Farbe sehr flüssig ist. Je flüssiger die Farbe, desto länger werden deine Swipes. So kannst du dich am besten entscheiden, mit welcher Konsistenz du am liebsten arbeitest.

Übung 2: Bringe deine Farbe auf eine für dich passende Konsistenz und nimm viel Farbe mit einem Kugeltool auf. Male langsam und kontrolliert einen Swipe. Nimm anschließend gleich viel Farbe mit dem gleichen Tool auf und mache den nächsten Swipe ganz schnell.

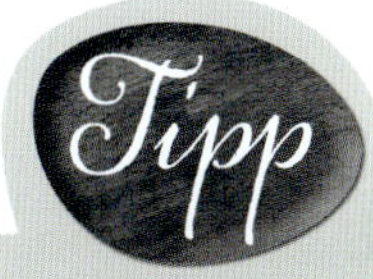


Soll dein Swipe länger werden, verdünne die Farbe etwas mehr und nimm viel Farbe mit dem Tool auf. Möchtest du den Swipe länger machen, ohne dass der breitere Teil noch breiter wird, verwende ein kleineres Tool und nimm damit mehr Farbe auf. Sollen deine Swipes gleich lang werden, benötigst du auch immer gleich viel Farbe auf deinem Tool.

## SWIPES VARIANTE 2

Die zweite Variante sind kontrollierte, präzise gesetzte Swipes, die meistens sehr dicht aneinandergesetzt werden. Für diese Swipes brauchst du ein Stäbchentool (oder ein großes Kugeltool) und das kleinste Kugeltool aus deinem Set.

Für diese Art von Swipes spielt die Farbkonsistenz, aber auch die Menge der Farbe eine große Rolle.

Übung 3: Setze mit einem mittelgroßen Stäbchentool einen Punkt. Male mehrfach zusätzlich Farbe auf den Punkt, indem du mit

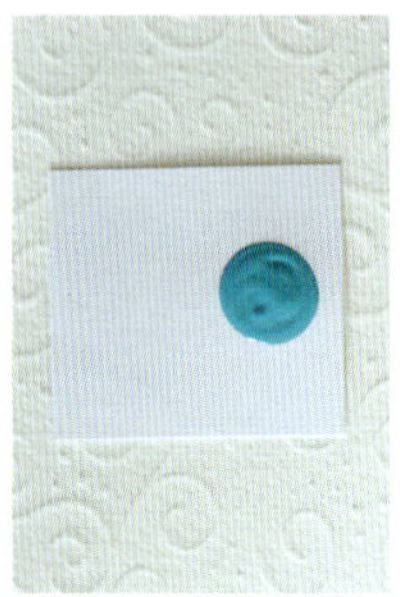
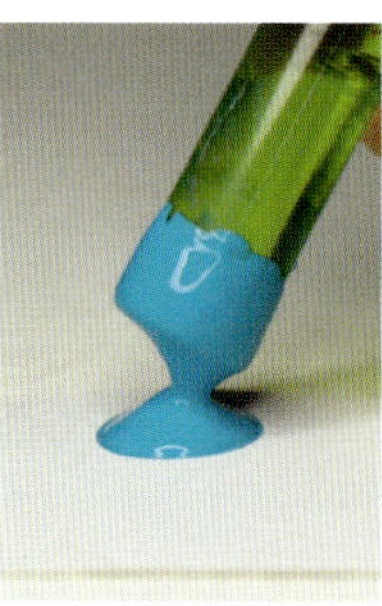
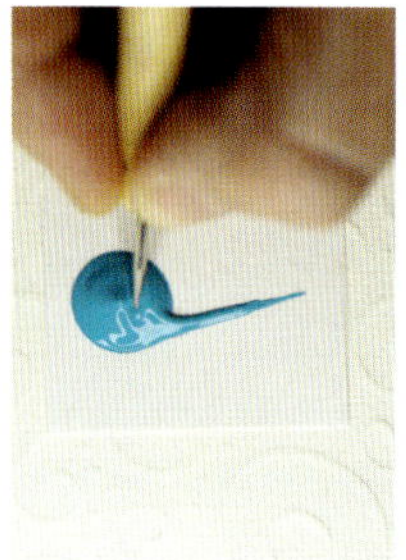
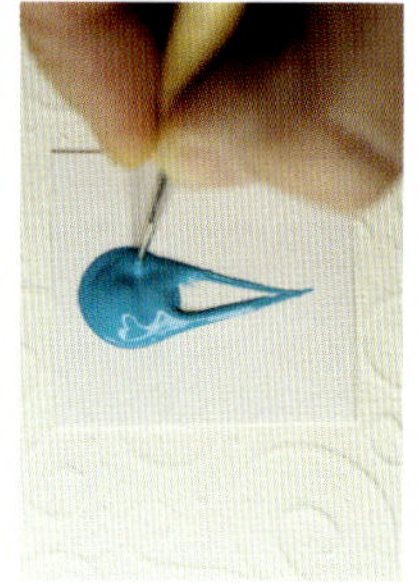
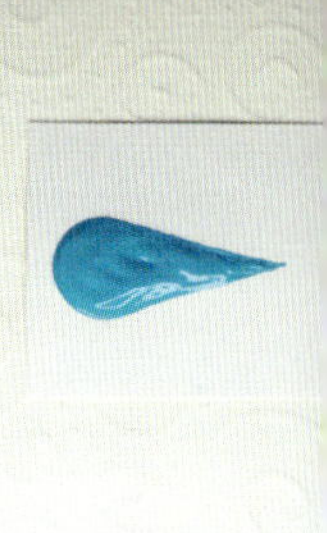

deinem Stäbchen Farbe aufnimmst und diese auf den Punkt ablegst. Tu dies so, dass nur die Farbe des Tools die Farbe vom Punkt berührt. Arbeite hier nicht mit Druck, denn das würde den Punkt ausdehnen. Wenn du einen richtig schönen runden 3D-Punkt hast, ziehst du die Farbe auf dem Punkt mit deinem kleinen Kugeltool nach unten und formst den Swipe. Es braucht etwas Geduld und Übung, aber schon bald klappen auch diese Swipes sehr gut.

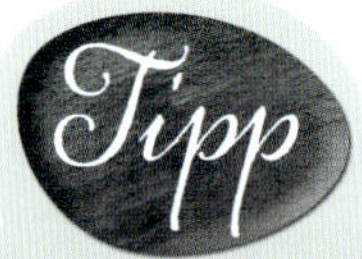


Für Swipes der Variante 2 eignet sich eine Stopfnadel noch viel besser als ein kleines Kugeltool. Auch sind Graviernadeln und feine Pinsel sehr gute Werkzeuge für diese Technik.

## DESIGN

Wie in einem Binärsystem entstehen mit einem Punkt und einem Swipe unendliche Möglichkeiten für Designs. Die Devise ist: Farben und Tool nehmen und experimentieren. Dennoch, oder gerade weil es nur zwei Elemente gibt, ist es oftmals schwierig, komplexe Muster zu „bauen", ganz besonders am Anfang.

Hierbei kann eine Basis sehr hilfreich sein. Das Basis-Muster im Dot Painting ist das sogenannte Fibonacci-Muster (Seite 18), welches oft in der Natur (z. B. in Blumen) zu sehen ist. In diesem Muster sind die Lücken und nicht die Punkte die Elemente, die das Muster bestimmen. Aus diesem Muster können unzählige verschiedene Designs entstehen und es ist gleichzeitig die beste Übung für Technik, Symmetrie und das freihändige Malen mit der Dotting Technik.

Die gleich großen Punkte erreichen wir, wie im ersten Teil erklärt mit der richtigen Technik: gleich viel Farbe auf das Tool laden, gleich viel Druck auf die Malfläche ausüben. Auf die Abstände hingegen haben wir keine solche Kontrolle, wir müssen uns auf unser Auge verlassen und diese gleich großen Abstände gelingen am besten, wenn du sie so klein wie möglich haarbreit nebeneinander malst.

# FEHLER KORRIGIEREN

Wenn du einmal einen Fehler gemacht hast, ist das meist gar nicht so schlimm. Immerhin sind deine handgemachten Kunstwerke immer ein Unikat! Falls du aber doch einmal eine Korrektur auf deinem Mandala-Stein vornehmen möchtest, bieten sich dir die folgenden Möglichkeiten:

- Wenn die Farbe noch feucht ist, kannst du die misslungenen Punkte ganz einfach mit einem feuchten Wattestäbchen und einer Drehbewegung wegwischen.

- Wenn die Farbe schon getrocknet ist, kannst du die Punkte, die dir nicht gefallen, mit der Grundierfarbe übermalen oder sie vorsichtig mit einem Schaber wegkratzen und die Stelle anschließend grundieren.

- Dir gefallen deine Punkte oder Elemente, du hättest sie aber lieber in einer anderen Farbe gemacht? Kein Problem! Wenn sie trocken sind, kannst du einfach Punkte in der gleichen Größe und der richtigen Farbe daraufsetzen und sie so übermalen.

Jetzt bist du bereit und kannst mit deinen eigenen Designs starten. Lese zuerst das komplette Design durch und schaue dir die Fotos an, um sicher zu gehen, dass du alles an Materialien parat hast, was du brauchst und alle Abläufe gut verstehst. Wenn du neu im Dot Painting bist, starte zuerst mit den einfachen Designs und arbeite dich zu den komplexeren hoch. Achte dazu auf die angezeigten Schwierigkeitsgrade.

Wenn du merkst, dass die Punkte oder Abstände noch nicht gleich groß sind, kannst du jederzeit erneut einige Übungen aus dem Grundlagenteil dieses Buches machen.

Nun wünsche ich dir viel Spaß auf deiner kreativen Reise durch die folgenden Dot Painting-Designs!

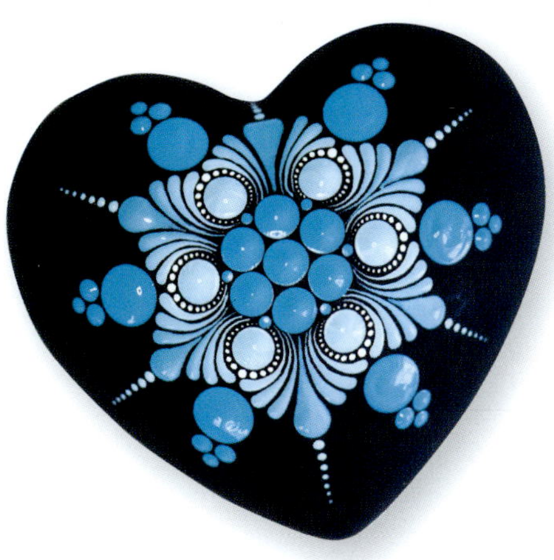

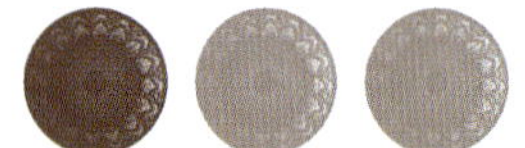

# Fibonacci

## DU BRAUCHST:

- ca. 10 cm Malfläche
- Acrylfarbe in Schwarz, Blau, Braun und Weiß
- Dotting Tools

1 Grundiere deinen Stein in Schwarz. Setze den Mittelpunkt mit einem Stäbchentool. Achte dabei darauf, dass er schön rund und genau in der Mitte ist, da seine Form neben anderen Faktoren (z. B. die Aufteilung der Punkte im ersten Kreis) ausschlaggebend für die Symmetrie des Mandalas ist.

2 Nimm dein kleinstes Kugeltool und setze mit möglichst wenig Farbladung die ersten Punkte in folgender Reihenfolge: 12 Uhr, 6 Uhr, 3 Uhr und 9 Uhr. Nimm stets gleich viel Farbe auf, damit alle Punkte im Kreis die gleiche Größe haben und achte darauf, dass der Abstand jedes Punktes zu seinen beiden Nachbarpunkten gleich groß ist. Je größer der Mittelpunkt, desto mehr Punkte kannst du im ersten Kreis platzieren und desto filigraner wird dein Muster.

3 Setze nun zwischen jeden Punkt einen weiteren. Wiederhole diesen Vorgang so lange, bis du keinen Platz mehr zwischen den Punkten hast. Kontrolliere, ob du genügend Platz hast, indem du stets mit der kleinsten Lücke anfängst und zuerst dein trockenes Tool aufsetzt. Wenn in der kleinsten Lücke noch Platz ist, dann passen die Punkte auch in alle anderen Lücken. Wenn du dir unsicher bist, lass lieber eine Lücke als die Punkte zu quetschen, da dies später unordentlich wirkt.

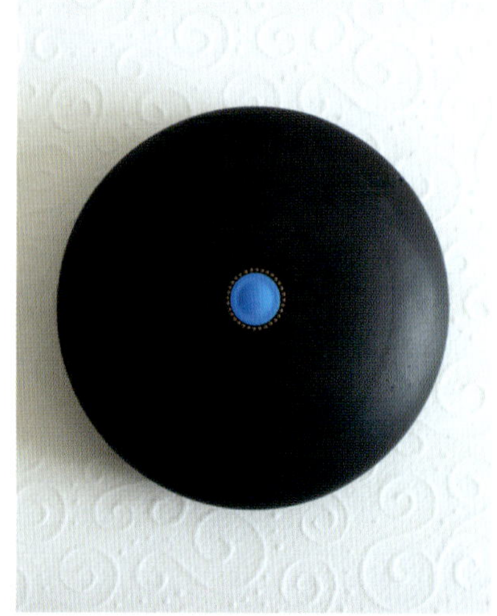

4 Nachdem der erste Kreis abgeschlossen ist, beginnst du mit dem zweiten Kreis. Setze die neuen Punkte nicht direkt über die Punkte des ersten Kreises, sondern versetzt jeweils in die Lücke zwischen den bisherigen Punkten. Achte darauf, die Abstände zwischen den Punkten in diesem und den folgenden Kreisen so klein wie möglich zu halten.

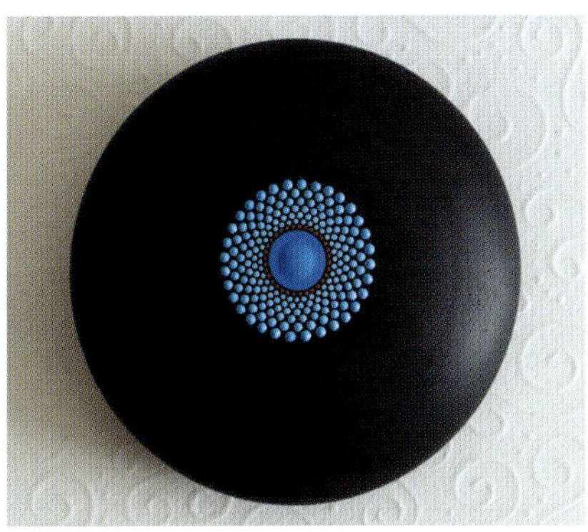

5 Wiederhole diesen Vorgang für mehrere weitere Kreise und setze immer größer werdende Punkte mit größerer Farbladung. Wenn du möchtest, kannst du den Stein komplett mit diesem Muster füllen. Spätestens nach fünf Kreisen sollte das Fibonacci-Muster langsam erkennbar werden und die langen gebogenen „Blütenblätter" werden sichtbar.

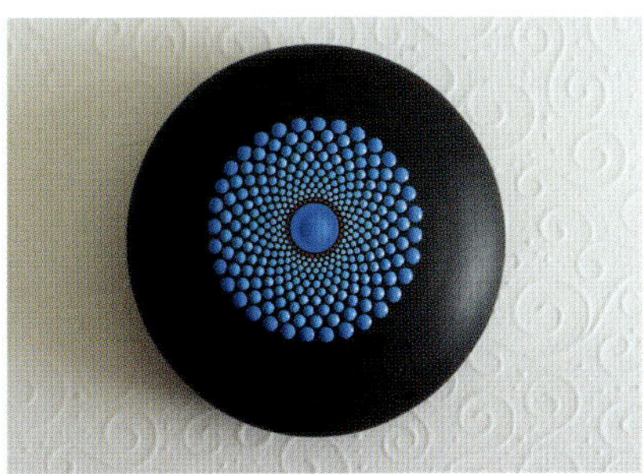

6 Nach jedem Kreis kannst du frei entscheiden, ob du mit dem Fibonacci-Muster fortfahren oder ein komplexeres Muster aufbauen möchtest. Für ein komplexeres Muster malst du in jede zweite Lücke kleine Punkte, die die Position der größeren Punkte markieren. Setze anschließend auf jeden kleinen Punkt einen größeren.

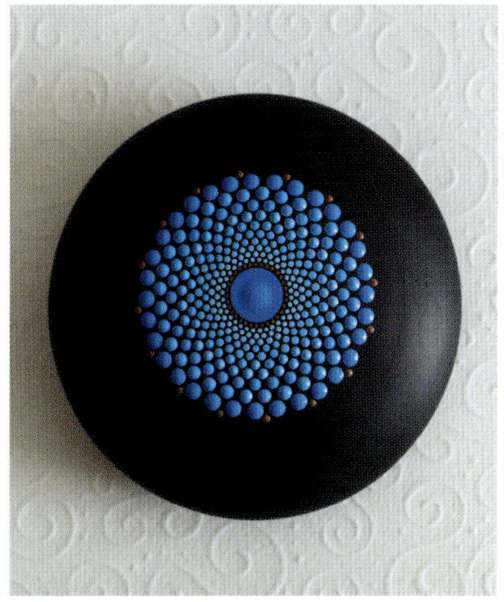

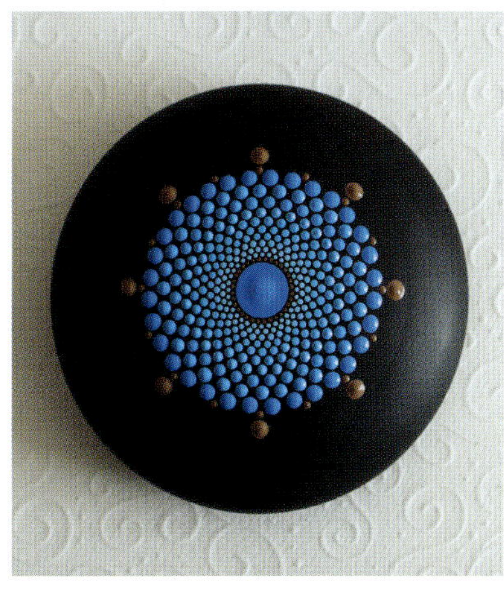

7 Für die Walking Dots setzt du auf alle großen Punkte zunächst (nach dem Prinzip 12, 3, 6, 9 Uhr) den größeren Punkt der Walking Dots. Danach setzt du die Walking Dots auf jeder Seite dieser Punkte.

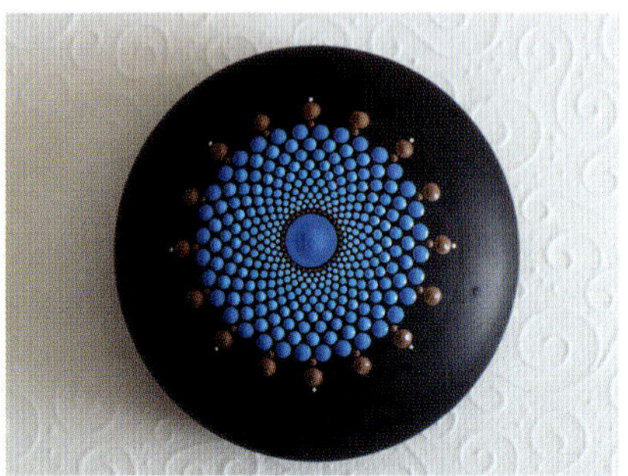

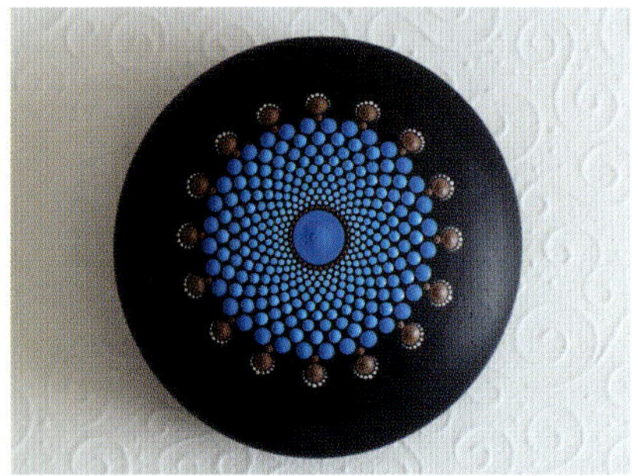

8 Du kannst dieses Muster nun so lange wiederholen, bis die Lücken gefüllt und der Kreis abgeschlossen ist.

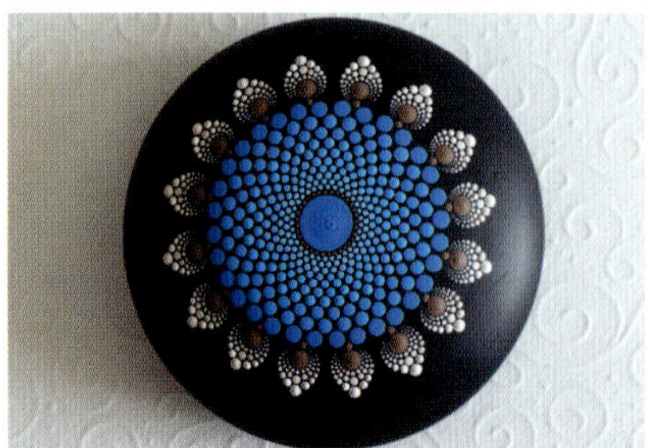

9 Zum Abschluss jeweils vier Punkte in die Lücken setzen, drei davon gleich groß und einen ganz kleinen.

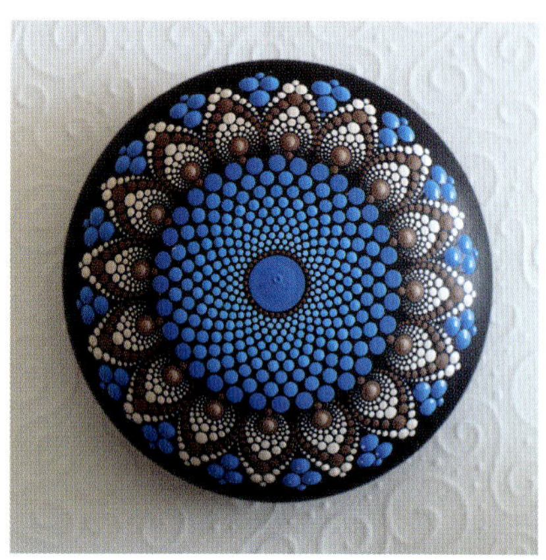

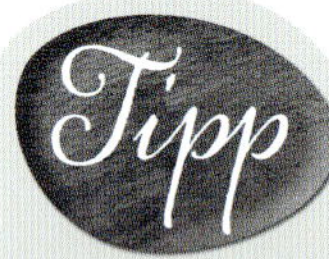


Du kannst dein Fibonacci-Muster statt mit Walking Dots auch mit Swipes oder anderen Elementen fortführen. Was du machst ist deine Entscheidung, es gibt kein Richtig oder Falsch. Probiere alles aus, teste verschiedene Möglichkeiten und habe keine Angst davor, Fehler zu machen, denn Fehler sind Wegweiser, die uns helfen besser zu werden!

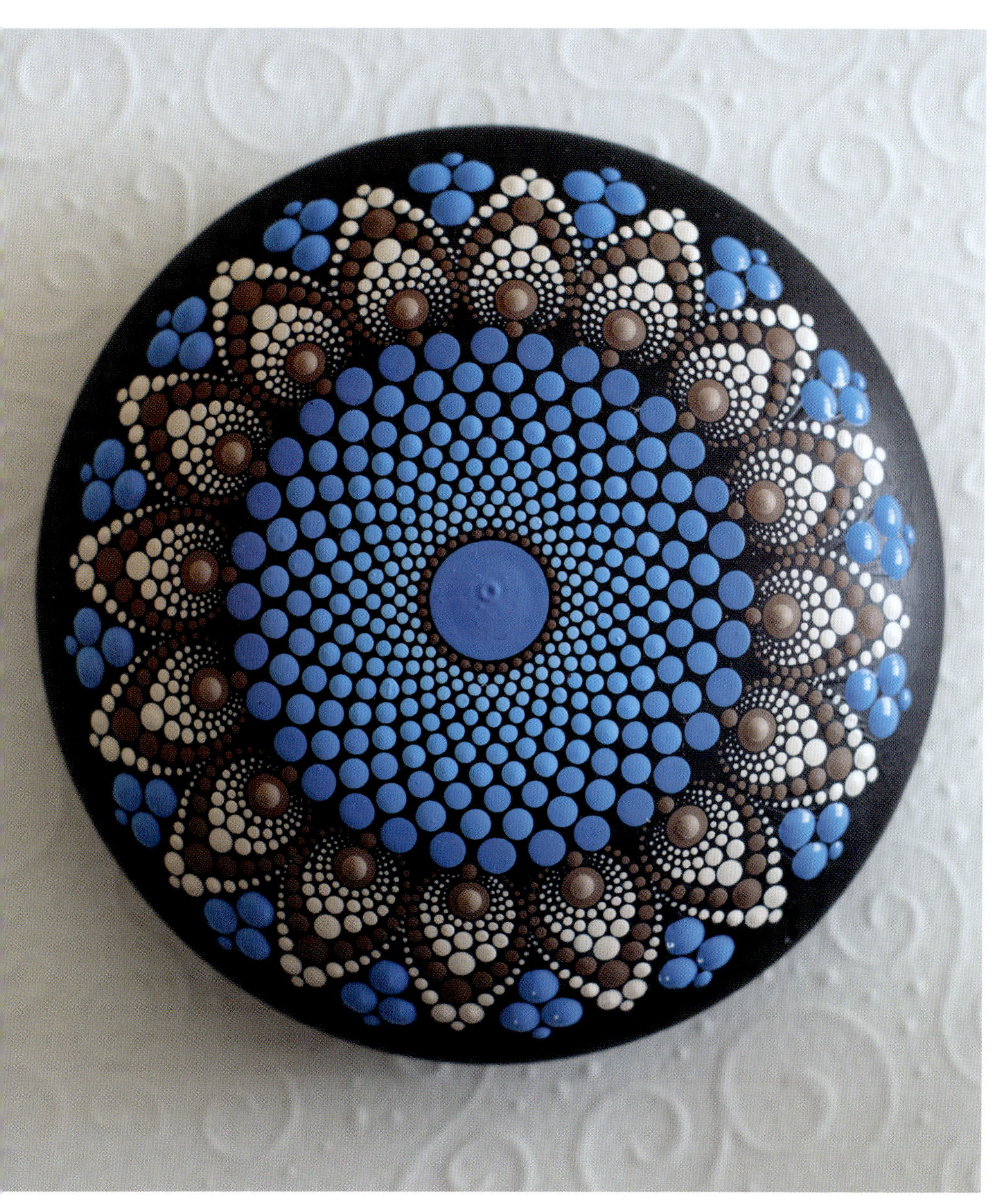

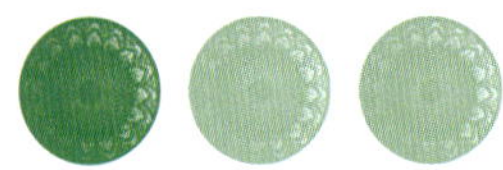

# Waldzauber

## DU BRAUCHST:

- Herz Klein
- Acrylfarbe in Schwarz, Weiß
- Farbverlauf mit 3 Stufen in Grün (Gelb + Blau)
- Dotting Tools

1 Grundiere deinen Stein in Schwarz. Setze den Mittelpunkt im dunkelsten Grünton mit deinem größten Kugeltool. Nimm dabei genügend Farbe auf. Um den Mittelpunkt herum setzt du mit dem kleinsten Kugeltool und sehr wenig Farbe kleine weiße Punkte.

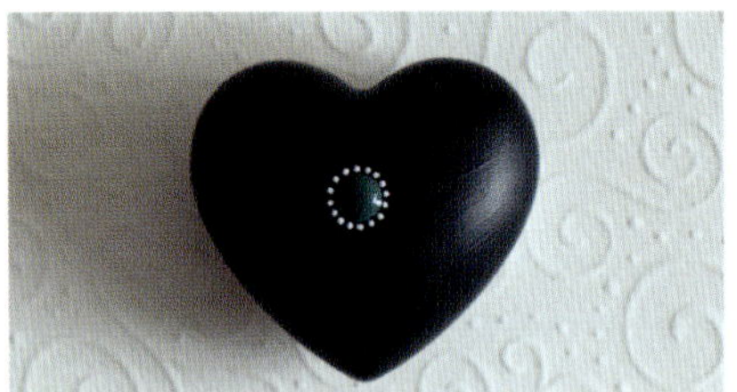

2 Jetzt kommen fünf Reihen bei denen die Punkte immer versetzt gedottet werden. Dabei werden die Punkte von innen nach außen immer größer. Beginne mit dem dunkelsten Ton. Für den dritten Kreis verwendest du den mittleren Grünton.

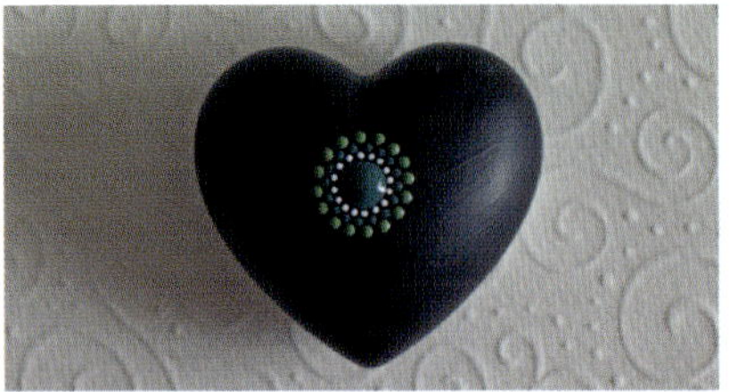

3 Der vierte und fünfte Kreis werden im hellsten Grünton gedottet.

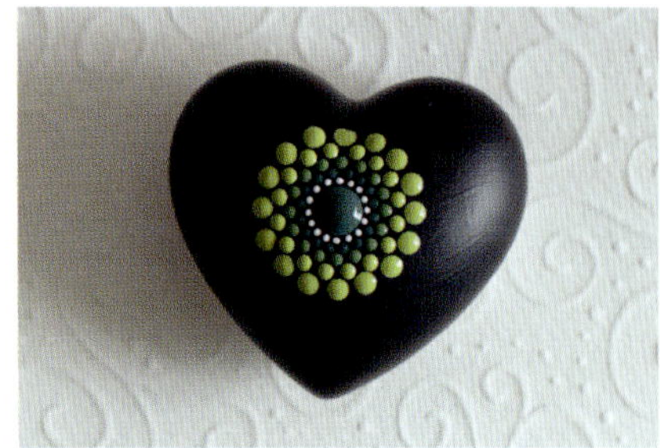

4 Für den letzten Kreis verwendest du den hellsten Grünton. Danach wird in jede zweite Lücke mit dem größten Kugeltool große dunkelgrüne Punkte gesetzt. Um diese Punkte herum, werden feine weiße Walking Dots gesetzt.

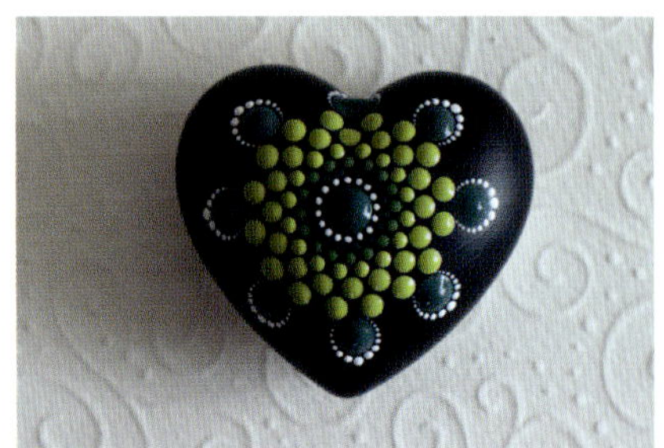

5 In die Lücken zwischen den Walking Dots zwei aufeinanderliegende mittelgrüne Punkte setzen.

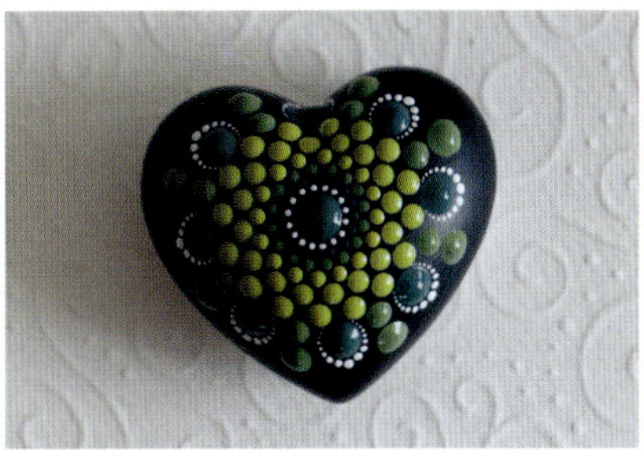

6 Diese Punkte werden mit weiteren Walking Dots geschmückt.

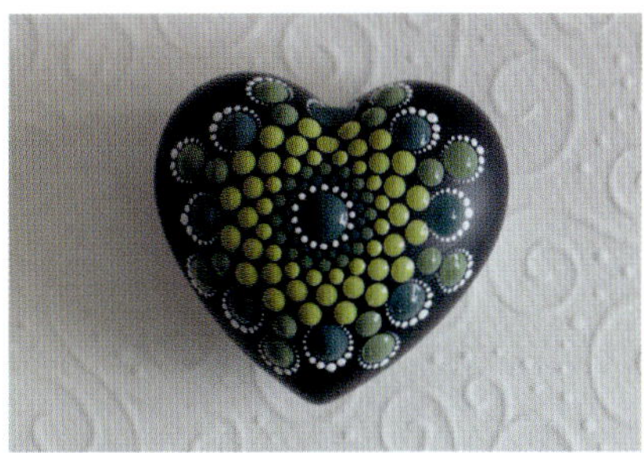

7 Zwischen die Punkte in Kreisen 3 bis 6 kleine weiße Punkte setzen.

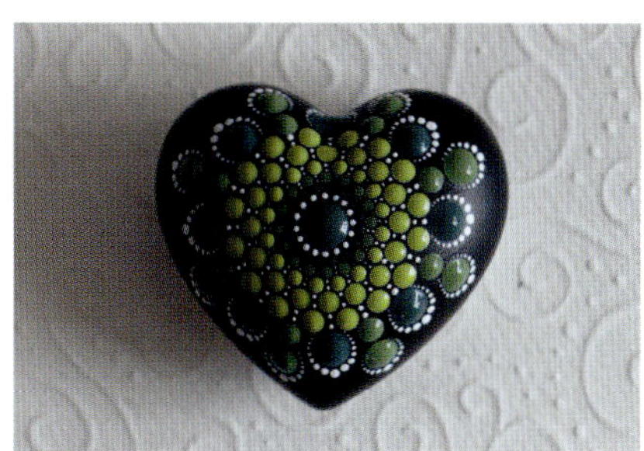

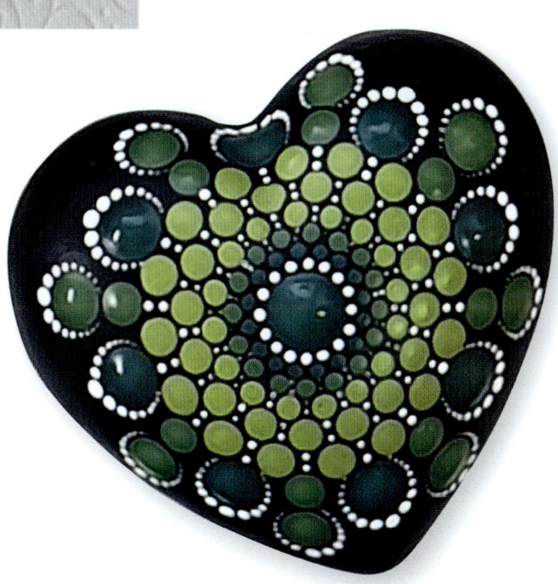

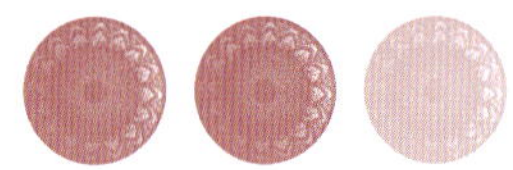

# Rosa Liebe

## DU BRAUCHST:

- Herz Mittel
- Acrylfarbe in Schwarz, Weiß
- Farbverlauf mit 4 Stufen in Rosa (Rot + Weiß)
- Dotting Tools

1 Grundiere das Herz in Schwarz. Mit dem größten Kugeltool und viel Farbe den Mittelunkt setzen. Um ihn herum 16 kleine weiße Punkte mit dem kleinsten Kugeltool machen. Danach setzt du mit dem hellsten Rosaton nur in jede zweite Lücke Punkte, die etwas größer sind als die weißen Punkte in Kreis 1.

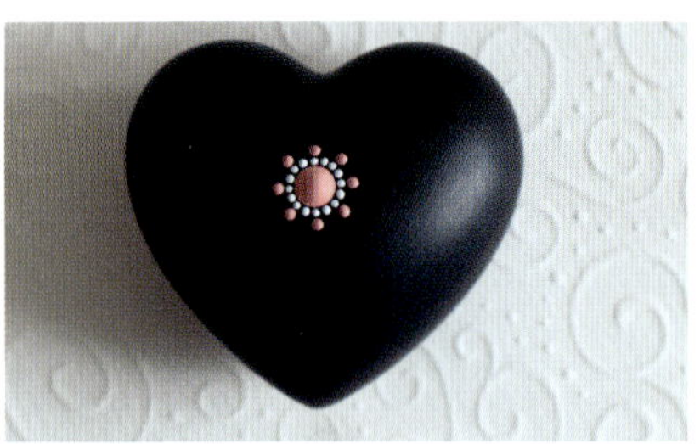

2 In die entstandenen Lücken zwischen den rosa Punkten machst du größere Punkte, die eine Stufe dunkler sind als die im Kreis davor.

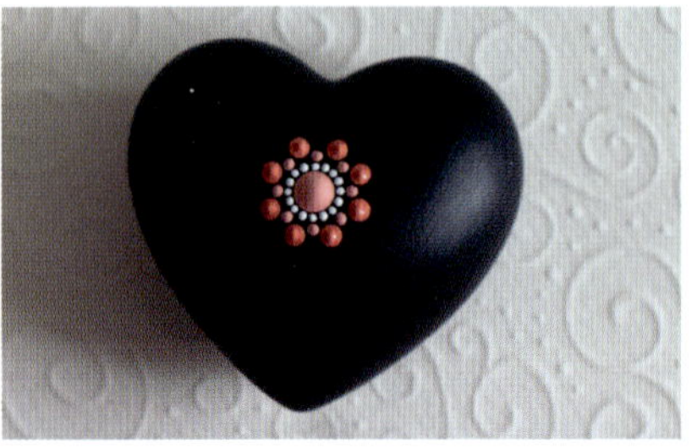

3 In die entstandene Lücke zwischen den neuen Punkten, und auf die kleinen Punkte in Hellrosa, weitere Punkte in Hellrosa setzen, den ersten kleiner, den zweiten etwas größer.

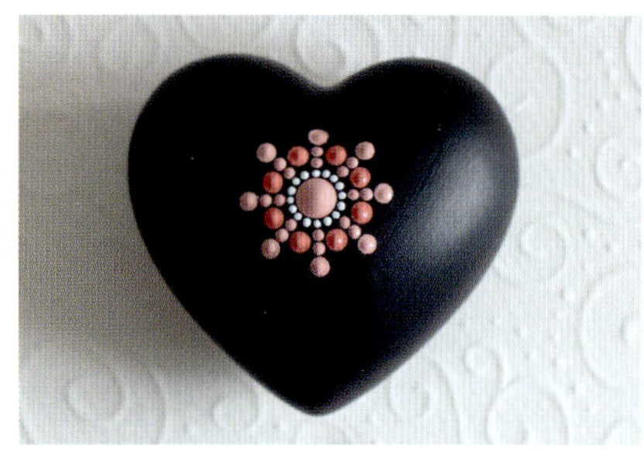

4 Auf diese Punkte jeweils zwei kleine hellrosa Punkte nebeneinandersetzen. Darauf setzt du einen großen Punkt im gleichen Farbton. In die entstandene Lücke oberhalb des dunkleren Punktes noch einen dunkleren Punkt setzen, der etwas größer ist als sein Vorgänger und die Lücke komplett füllt.

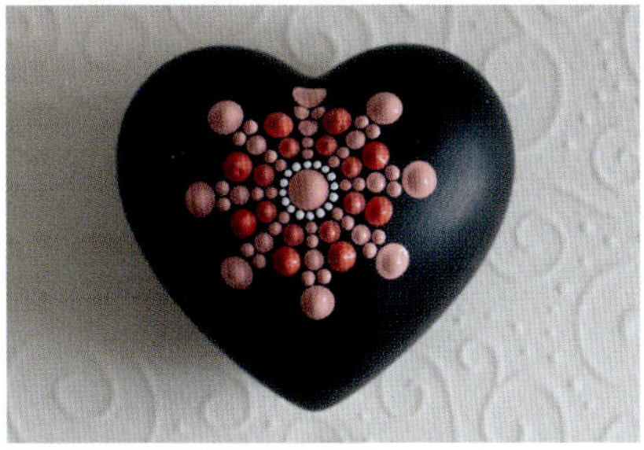

5 Die großen hellen Punkte mit Walking Dots schmücken.

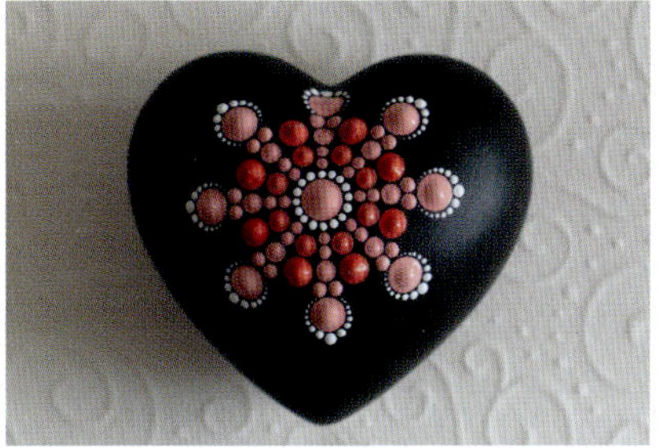

6 Neben die weißen Walking Dots setzt du feine Swipes der Variante 2 im zweitdunkelsten Rotton, einen von jeder Seite.

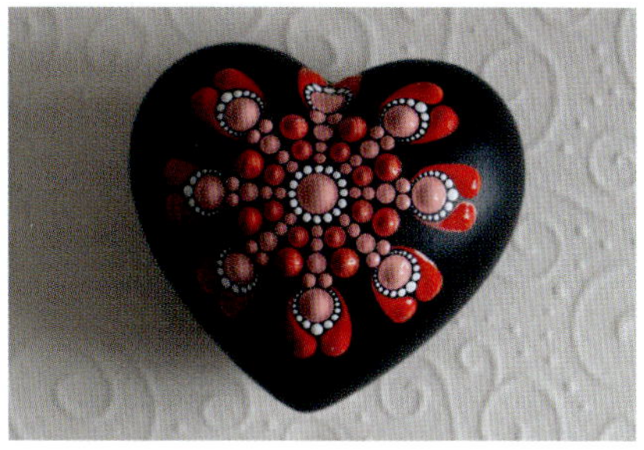

7 Die verbliebenen Lücken füllst du mit Punkten, erst einen weißen, dann einen helleren roten und zum Abschluss einen knallroten.

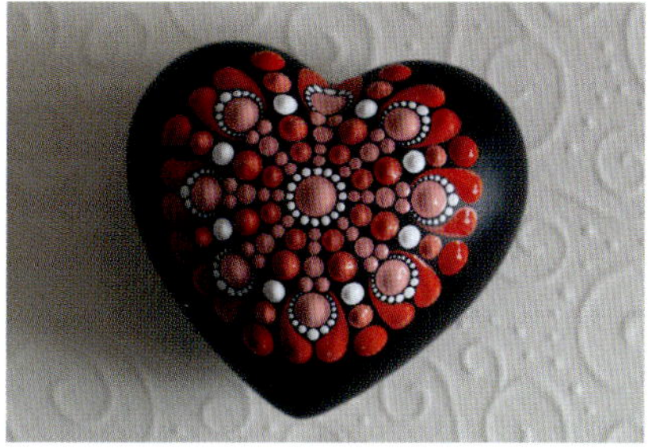

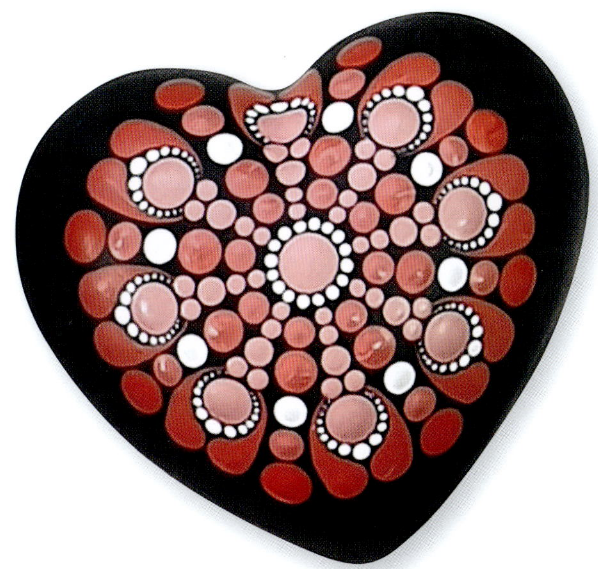

# Sternenhimmel

## DU BRAUCHST:

- Herz Klein
- Acrylfarbe in Schwarz, Weiß, Gelb
- Farbverlauf mit 6 Stufen in Blau (Blau + Weiß)
- Dotting Tools

1 Setze auf den in Schwarz grundierten Stein mit deinem größten Kugeltool und viel Farbe im dunkelsten Blauton den Mittelpunkt. Danach setzt du im ersten Kreis 16 kleine Punkte in einer Stufe heller. Nimm für jeden nächsten Kreis einen Farbton heller und etwas mehr Farbe mit deinem Tool auf, so dass du im fünften Kreis die hellste Farbe hast, aber nur noch Punkte in jeder zweiten Lücke.

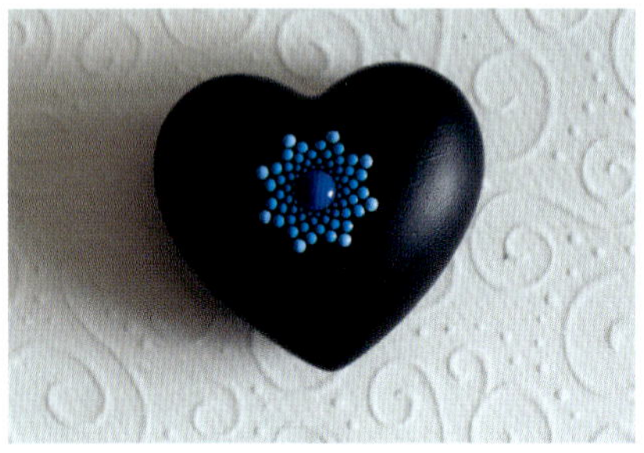

2 In die entstandenen Lücken zwischen den hellblauen Punkten kannst du schöne große Punkte in Gelb setzen.

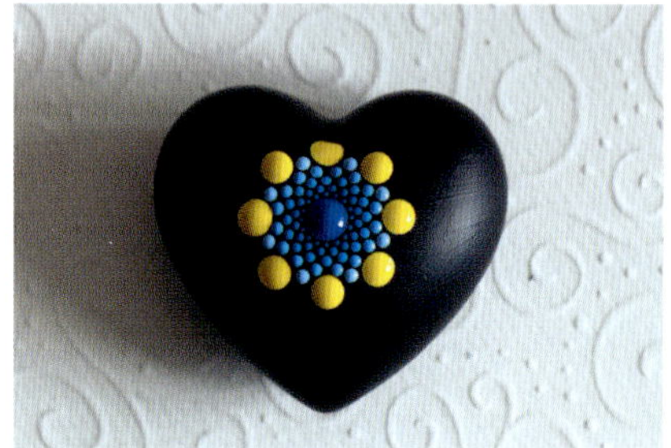

3 Die gelben Punkte umrandest du mit weißen Walking Dots. Neben die Walking Dots setzt du von beiden Seiten Swipes der Variante 2 im zweitdunkelsten Blauton.

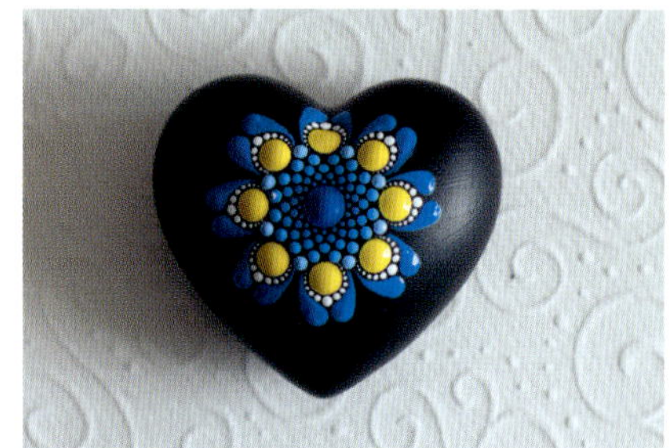

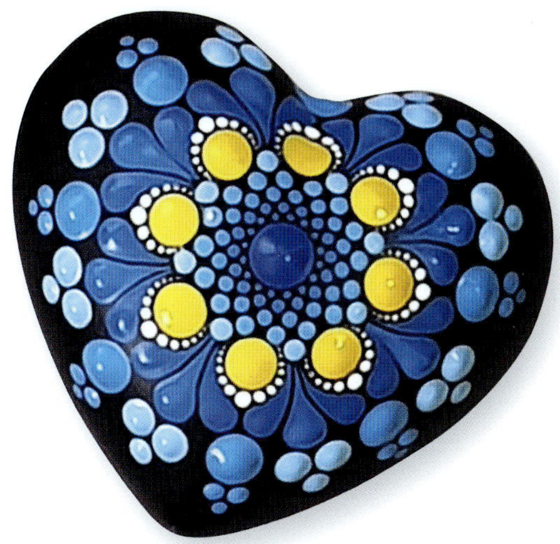

4 Die Lücke zwischen den Swipes mit einem zusätzlichen Swipe der Variante 2 schließen. Nimm dazu den drittdunkelsten Farbton.

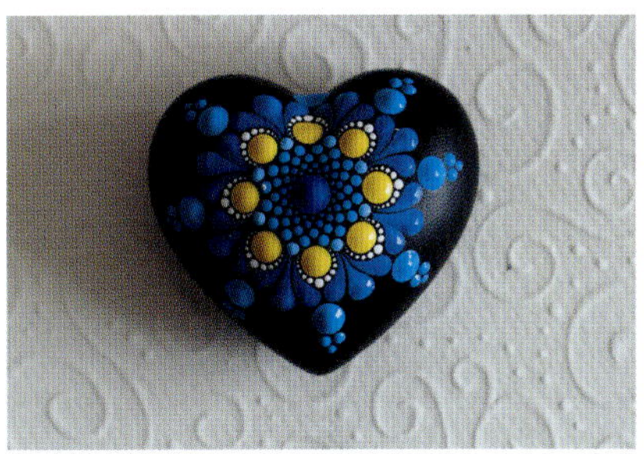

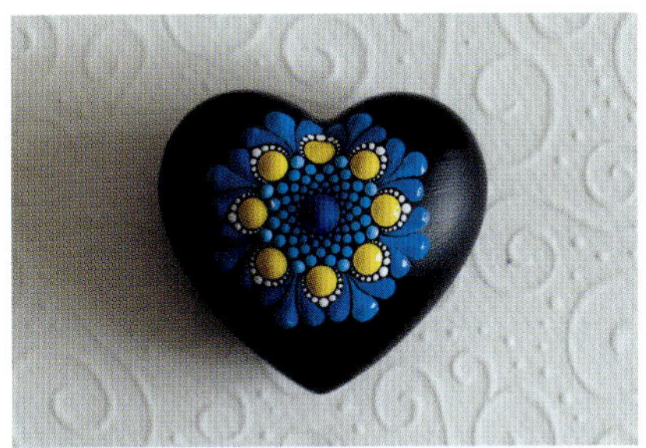

5 Dort, wo die Swipes sich treffen, einen Punkt im zweithellsten Blau machen und drei kleine Punkte obendrauf setzen.

6 Oberhalb vom mittleren Swipe setzt du im hellsten Blau zwei größere Punkte nebeneinander und einen kleinen mittig obendrauf.

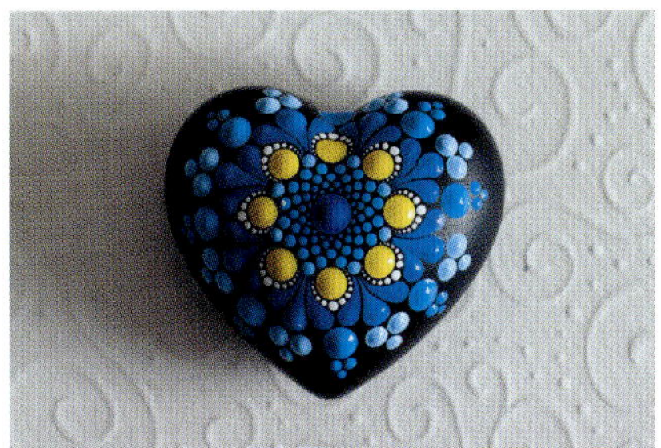

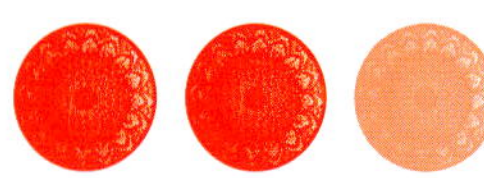

# Flammendes Herz

## DU BRAUCHST:

- Herz Groß
- Acrylfarben in Schwarz, Weiß, Rot, Gelb
- Dotting Tools

1 Setze auf das in Schwarz grundierte Herz einen weißen großen Mittelpunkt mit deinem größten Tool und ganz viel Farbe. Um diesen Punkt herum machst du mit dem kleinsten Tool 16 kleine rote Punkte.

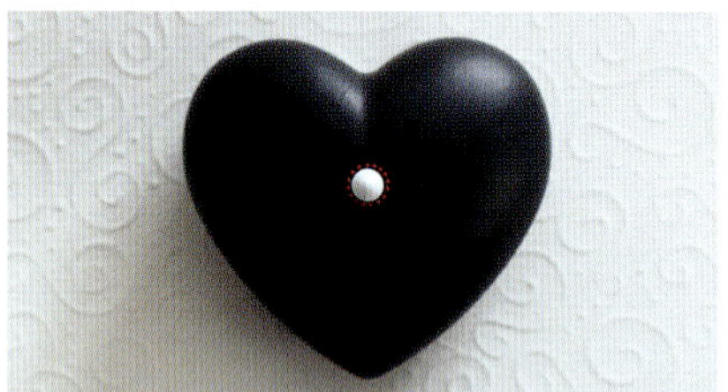

2 Mache in jedem der weiteren vier Kreise versetzte rote Punkte, die jeweils etwas grösser sind als im Kreis davor. Dafür nimmst du am besten das kleinste und zweitkleinste Tool und nimmst für jeden Kreis jeweils mehr Farbe mit dem Tool auf.

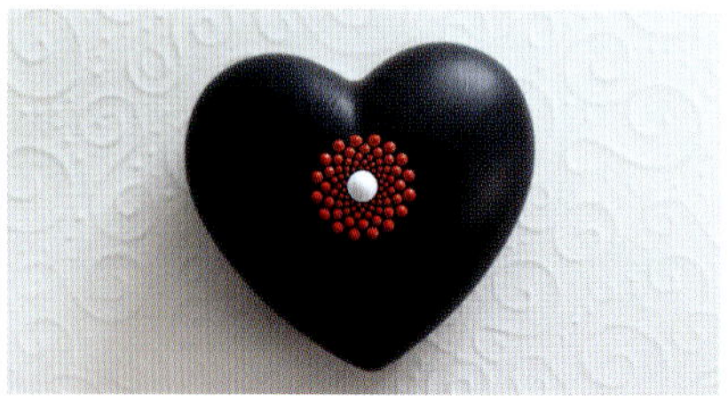

3 Einen weiteren Kreis mit roten versetzten Punkten setzen, die grösser sind als im Vorkreis. Anschließend in die Lücken kleine weiße Punkte dotten, danach acht große gelbe Punkte: auf 12 Uhr, 6 Uhr, 3 Uhr und 9 Uhr und jeweils noch einen in jede Lücke.

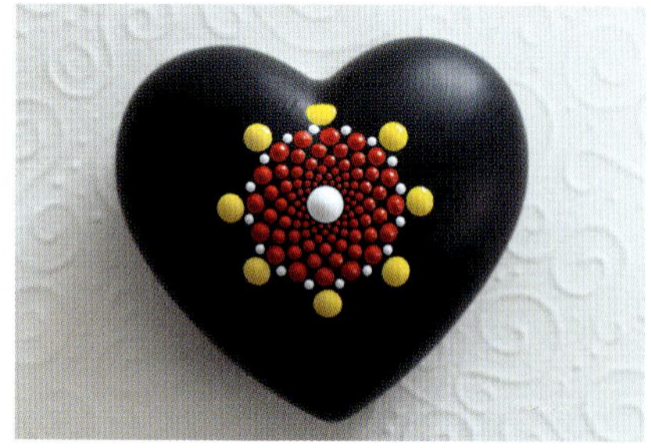

4 Die gelben Punkte mit weißen Walking Dots umkreisen.

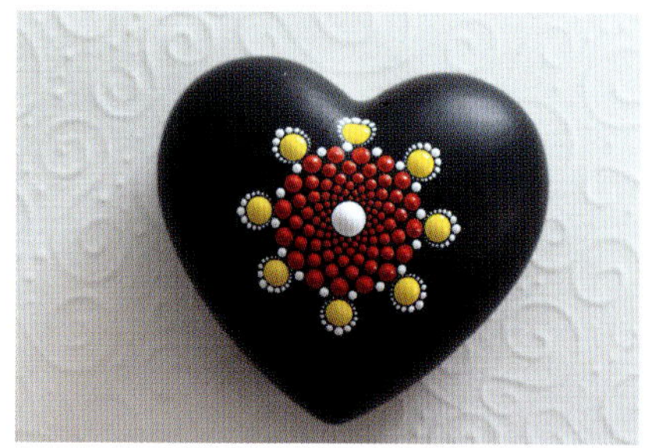

5 Als nächstes kommt ein Element mit vier Punkten in der Anordnung 1-2-1 in Rot.

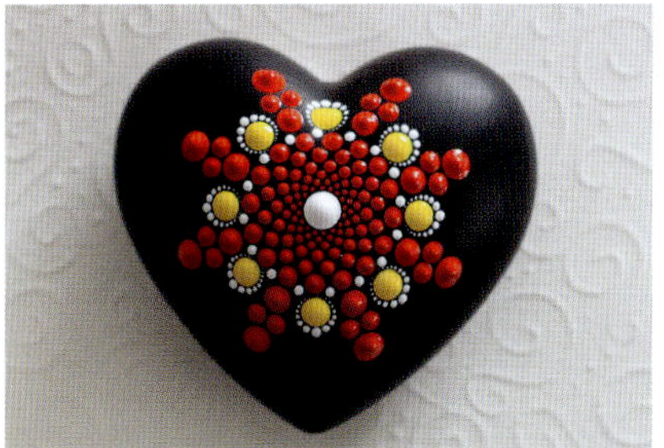

6 Zum Abschluss auf die weißen Walking Dots zwei gelbe Punkte nebeneinandersetzen und mittig gelbe Walking Dots nach außen.

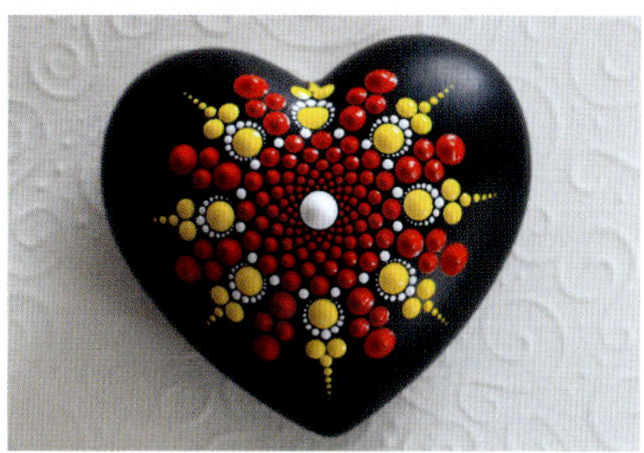

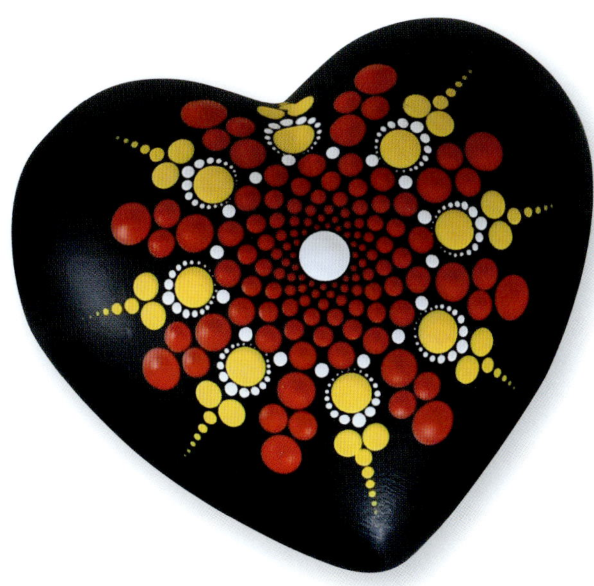

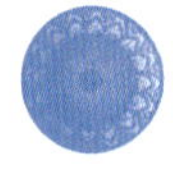 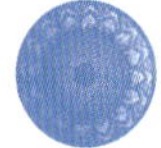 

# Blaues Wunder

## DU BRAUCHST:

- Herz Mittel
- Acrylfarbe in Weiß
- Farbverlauf mit 6 Stufen in Blau (Blau + Weiß)

1 Setze auf das in Dunkelblau grundierte Herz mit deinem größten Kugeltool und sehr viel Farbe einen Mittelpunkt in Weiß. Um diesen Mittelpunkt machst du 16 kleine Punkte, eine Stufe heller als die Grundierung.

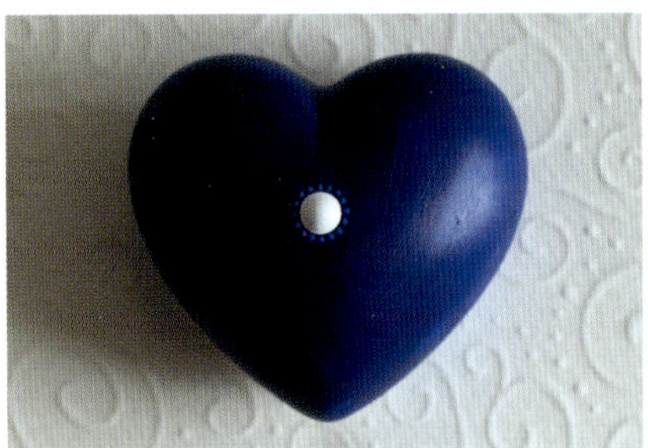

2 Im zweiten Kreis versetzte Punkte machen, die etwas grösser und eine Stufe heller sind als die Punkte im ersten Kreis. Diesen Vorgang im dritten Kreis nochmals wiederholen.

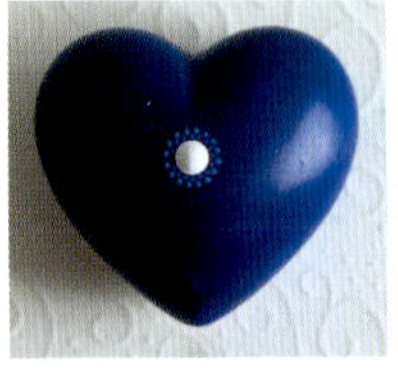

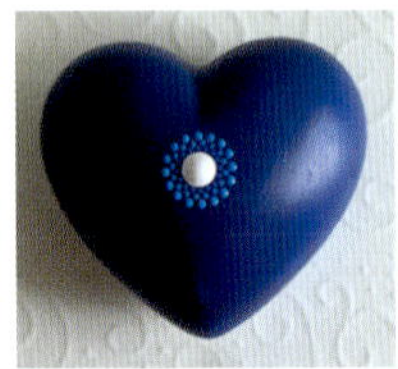

3 Wiederhole Schritt 2 für den vierten Kreis, anschließend setzt du in jede zweite Lücke kleinere weiße Punkte, ganz nah an die blauen Punkte des Vorkreises.

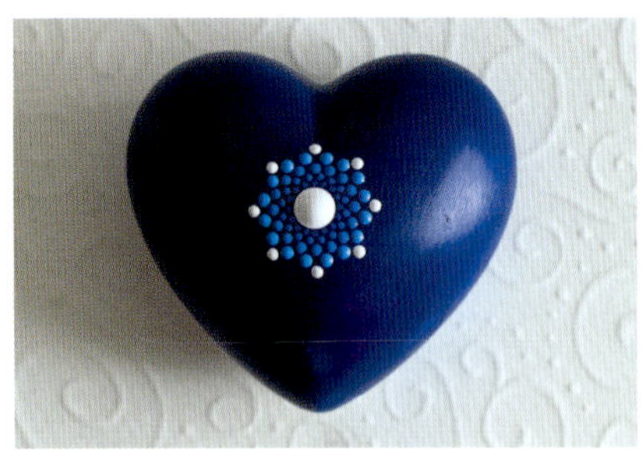

4 Zwischen die kleineren weißen Punkte kannst du jetzt in deinem hellsten Blauton große Punkte setzen, fast so groß wie der Mittelpunkt. Umrande sie mit weißen Walking Dots.

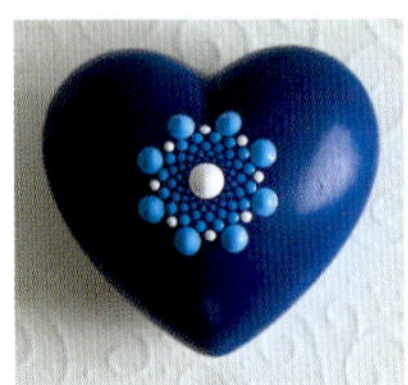

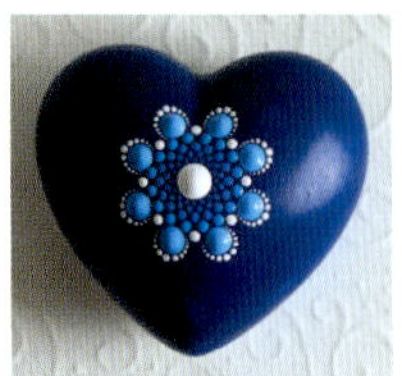

5 Zwischen die Walking Dots kommen jetzt drei immer heller und immer grösser werdende Punkte übereinander. Schmücke den größten Punkt mit weißen Walking Dots aus.

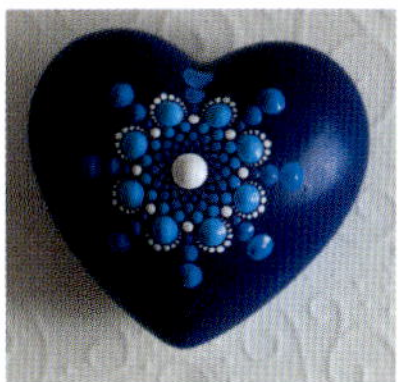

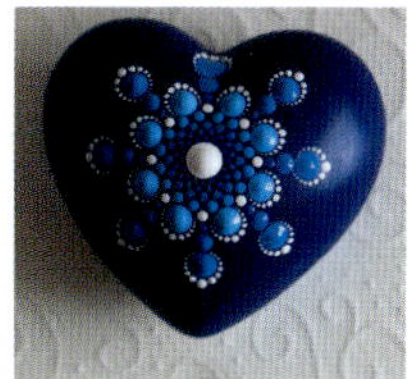

6 Auf die weißen Walking Dots zwei größere weiße Punkte nebeneinander und einen kleinen mittig darüber setzen. Ab diesen zwei größeren Punkten weiße Walking Dots nach innen führen.

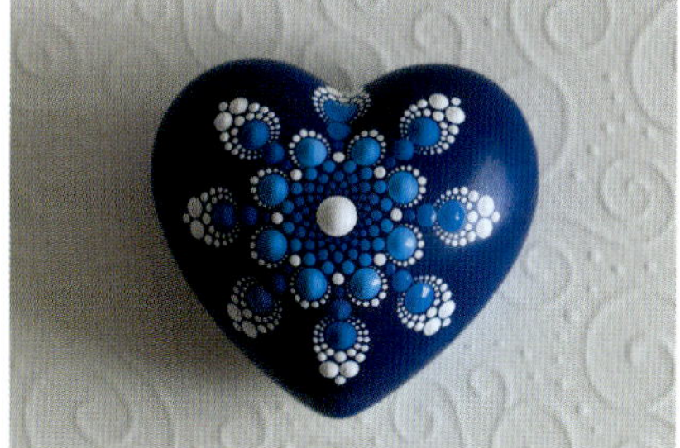

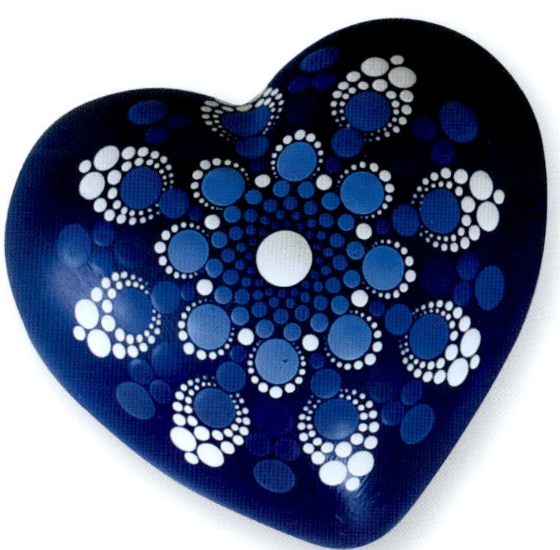

7 In die verbliebenen Lücken kannst du ein Element mit vier Punkten setzen, in der Anordnung 1-2-1, immer heller werdend.

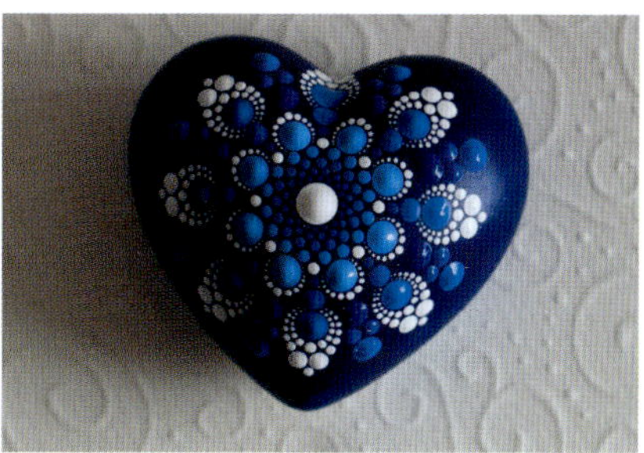

8 Wenn alle Punkte vollständig getrocknet sind, kannst du nach Belieben Top Dots (neue Punkte auf die bestehenden Punkte) machen. Achte dabei darauf, dass du Farbtöne verwendest, die 1-2 Farbtöne heller oder dunkler sind als die Punkte selbst und dass du die Top Dots groß genug machst. Bei zu starkem Kontrast oder zu kleinen Top Dots kann das Mandala plötzlich unruhig wirken.

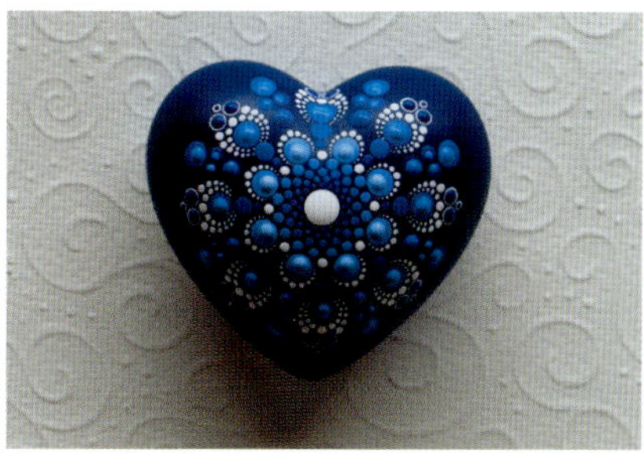

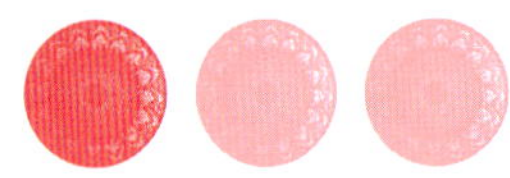

# Rosarotes Herz

## DU BRAUCHST:

- Herz Klein
- Acrylfarbe in Weiß
- Farbverlauf mit 4 Stufen in Rosa (Rot + Weiß)

1 Das Herz mit dem hellsten Rosaton grundieren. Setze in deinem dunkelsten Rosaton und deinem größten Tool einen Mittelpunkt. Setze dann sechs Punkte in der gleichen Größe herum. Fülle die kleinen Lücken um den Mittelpunkt mit winzigen weißen Punkten, und die großen Lücken um die sechs Punkte herum mit etwas größeren weißen Punkten.

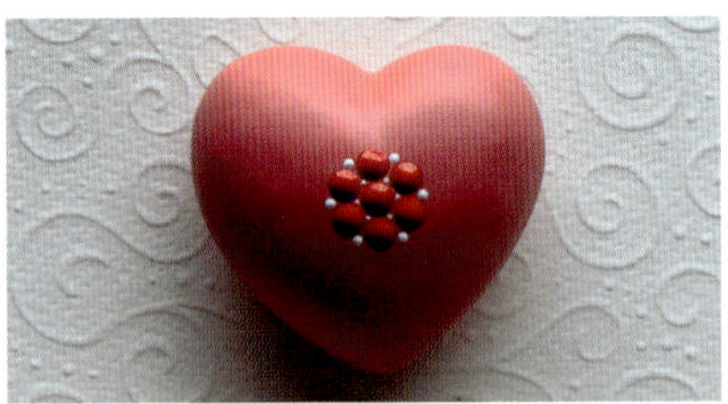

2 Setze oberhalb der weißen Punkte weitere Punkte in der gleichen Größe und eine Stufe heller als der Mittelpunkt. Schmücke sie mit weißen Walking Dots.

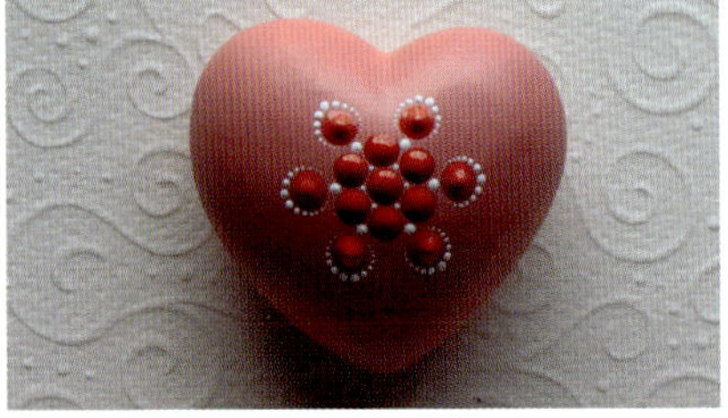

3 Mache nochmals weiße Walking Dots um die ersten Walking Dots herum.

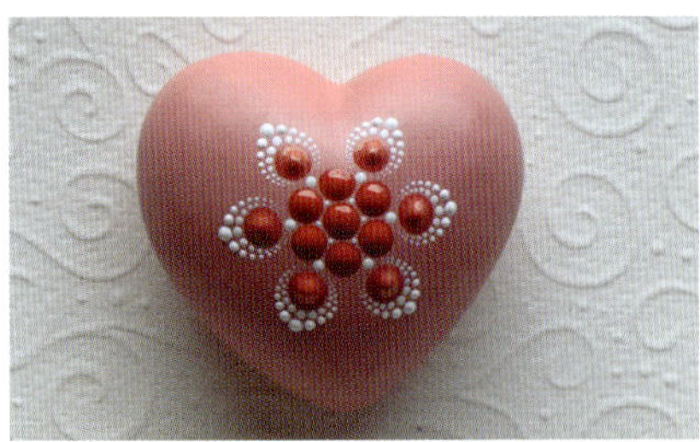

4 In die Lücken kannst du jetzt drei Punkte übereinandersetzen, immer grösser werdend, angefangen vom zweithellsten Farbton.

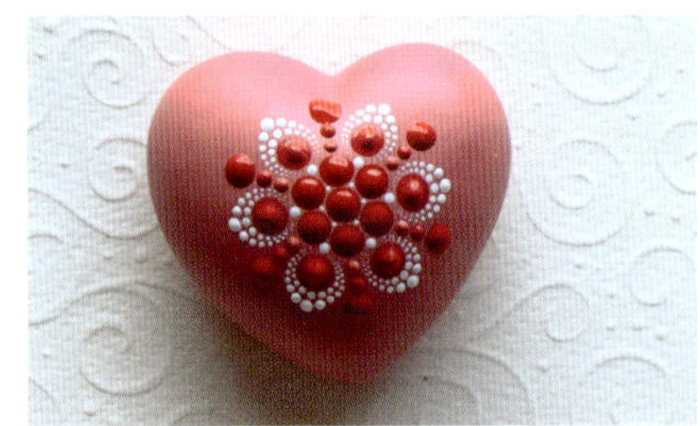

5 Den größten dieser Punkte schmückst du mit weißen Walking Dots.

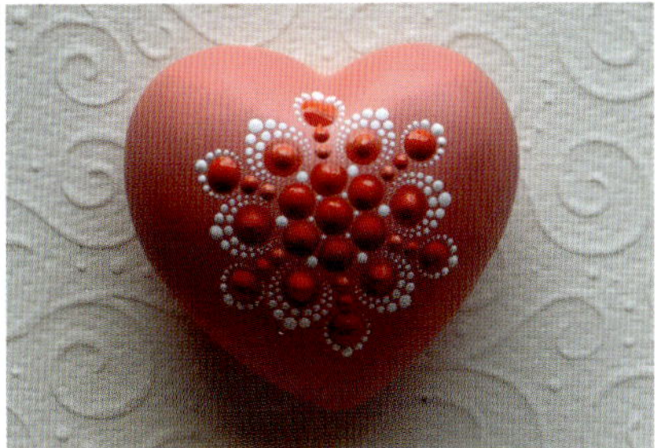

6 An der Stelle, wo zweimal weiße Walking Dots übereinanderstehen, kommt zum Abschluss ein Element mit drei Punkten in der Anordnung 2-1 im zweithellsten Farbton. Nach Wunsch kannst du nach dem Trocknen Top Dots auf die Punkte setzen.

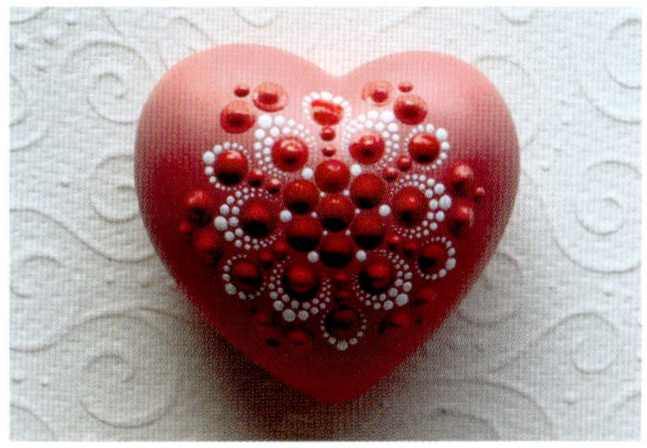

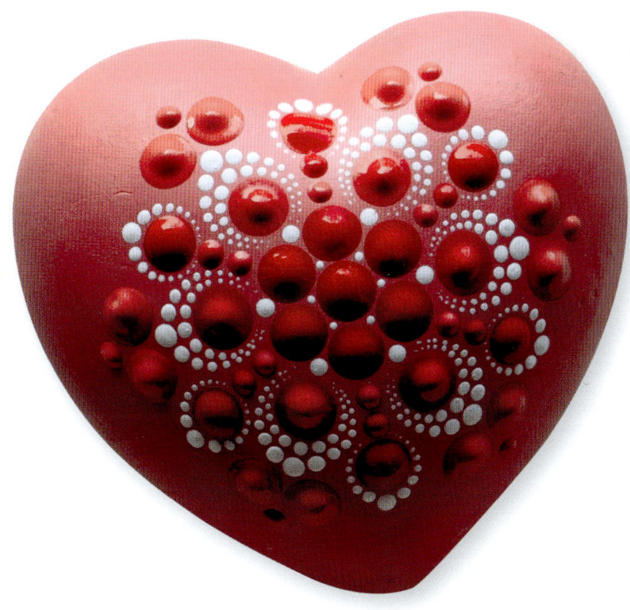

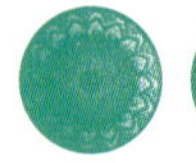 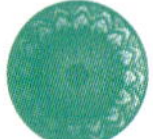 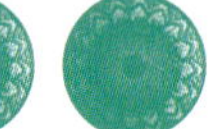

# Tannengrün

## DU BRAUCHST:

- Herz Groß
- Acrylfarbe in Weiß
- Farbverlauf mit 3 Stufen in Grün (Blau + Gelb)
- Dotting Tools

1 Mit dem mittleren Grünton den Stein grundieren. Im dunkelsten Farbton setzt du einen großen Mittelpunkt. Um ihn herum setzt du 16 kleine weiße Punkte. Fahre mit dem Fibonacci-Muster fort (versetzte, immer grösser werdende Punkte), bis du acht vollständige Kreise hast.

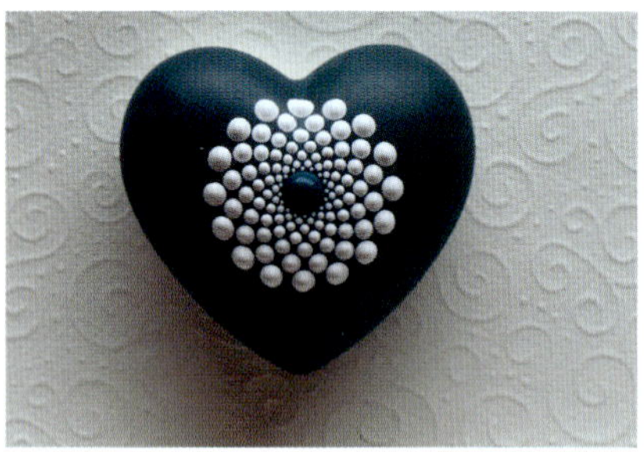

2 Die weißen Punkte des letzten Kreises mit weißen Walking Dots umkreisen.

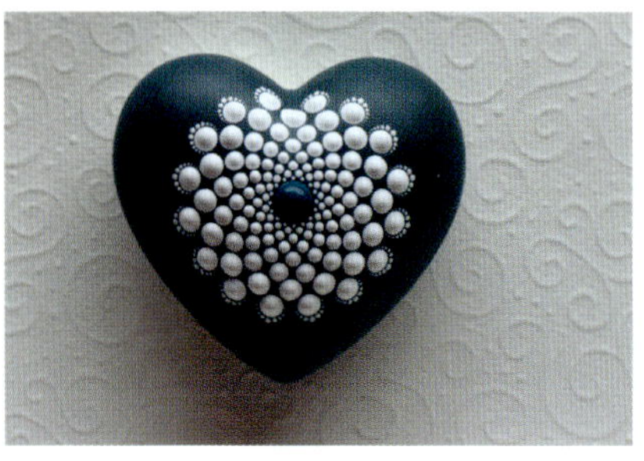

3 Zwischen die Punkte in jedem Kreis setzt du jeweils zwei kleine weiße Punkte.

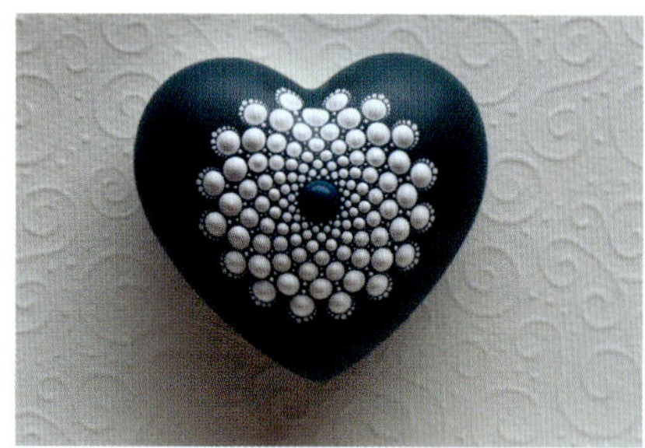

4 Setze anschließend zwei kleine grüne Punkte übereinander in die Lücke zwischen den Walking Dots. Über diese Punkte nochmals weiße Punkte in der gleichen Größe wie im Kreis davor machen und mit Walking Dots schmücken.

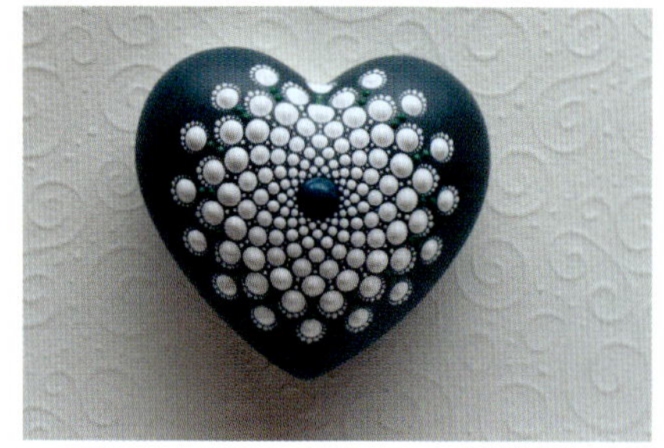

5 In die Lücken setzt du ein Element mit vier Punkten, in der Anordnung 1-2-1, der erste ist der größte und der letzte der kleinste Punkt.

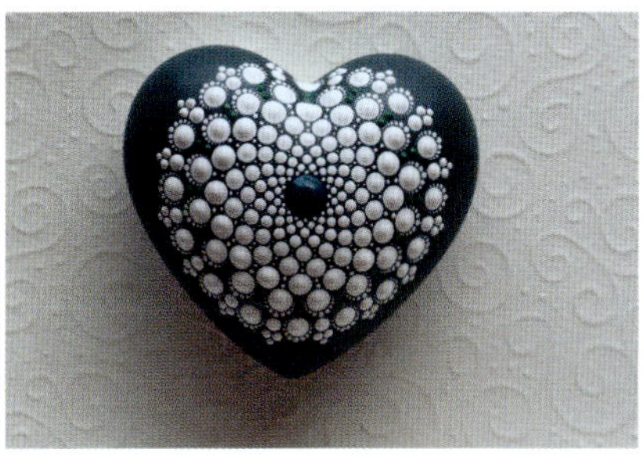

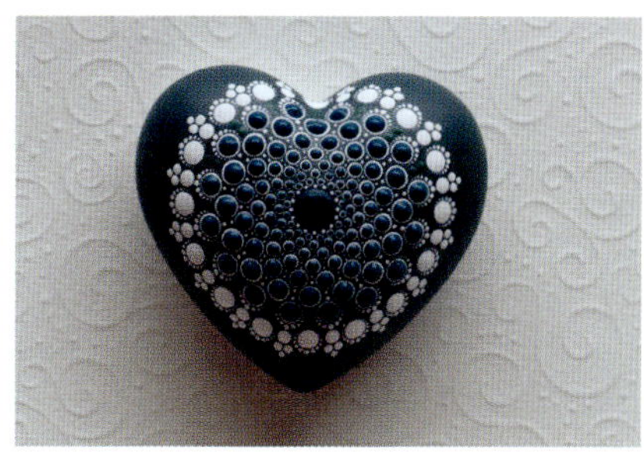

6 Mache jetzt langsam mit dem dunkelsten Farbton große Top Dots auf alle weißen Punkte, angefangen ab Kreis 2, so dass nur ein weißer Ring um die Top Dots herum bleibt.

7 In die Punkte des letzten Kreises kommen Top Dots im hellsten Farbton.

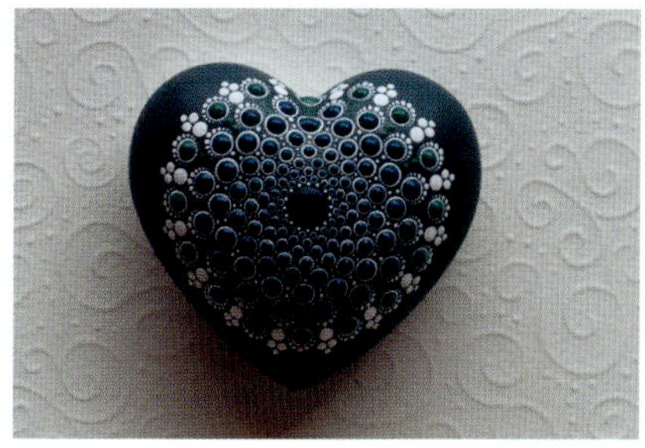

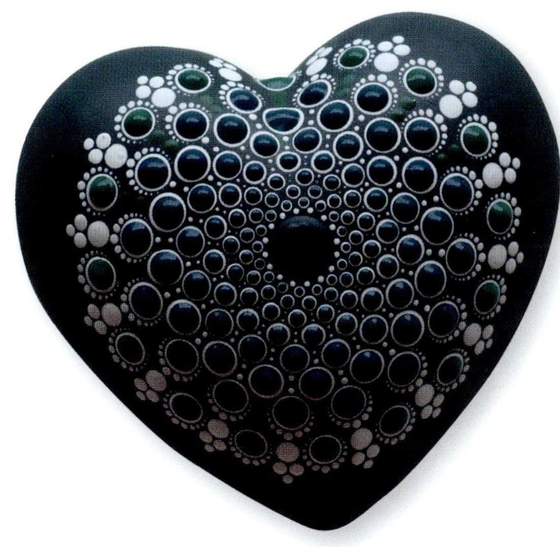

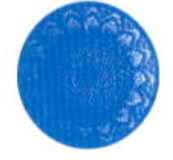  

# Wintermärchen

## DU BRAUCHST:

- Herz Mittel
- Acrylfarbe in Weiß, Blau, Schwarz
- Dotting Tools

1 Auf das mit Schwarz grundierte Herz einen blauen Mittelpunkt und acht kleine weiße Punkte im ersten Kreis setzen, so dass jeweils noch ein Punkt dazwischen Platz hat.

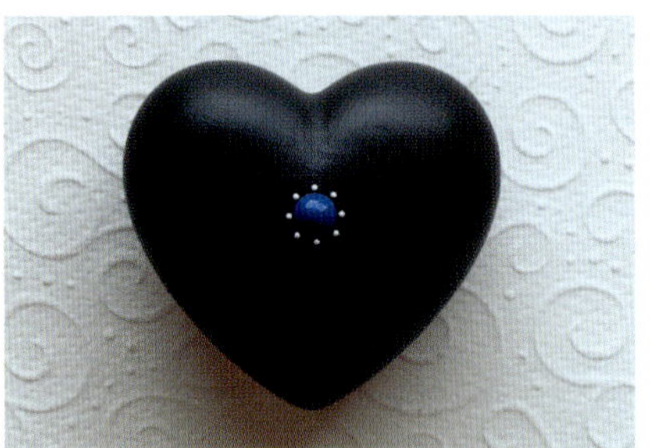

2 Setzte in die verbliebenen Lücken kleine blaue Punkte, die gleich groß sind wie die weißen Punkte. In den zweiten Kreis setzt du etwas versetzt größere Punkte in demselben Blauton.

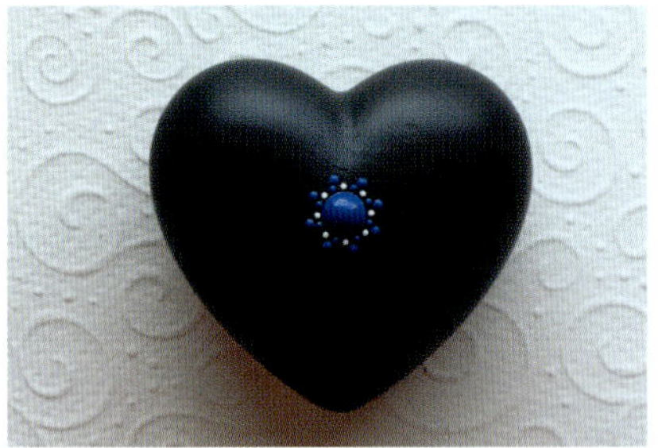

3 Fülle die verbliebene Lücke mit weißen Punkten, die gleich groß sind wie die blauen Punkte im zweiten Kreis und fahre im nächsten Kreis mit weißen Punkten fort.

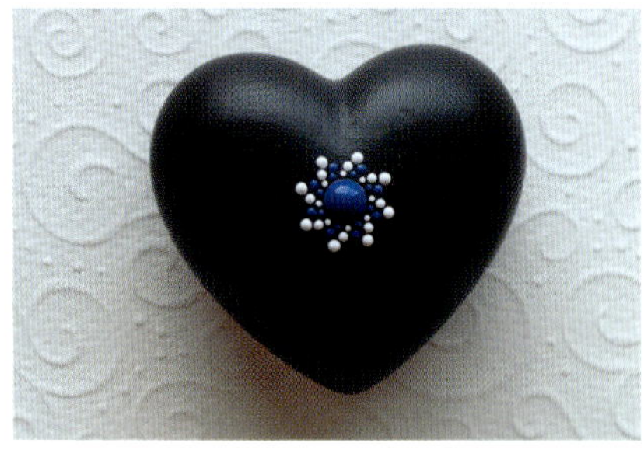

4 Wiederhole diesen Vorgang, bis du vier vollständige Kreise hast.

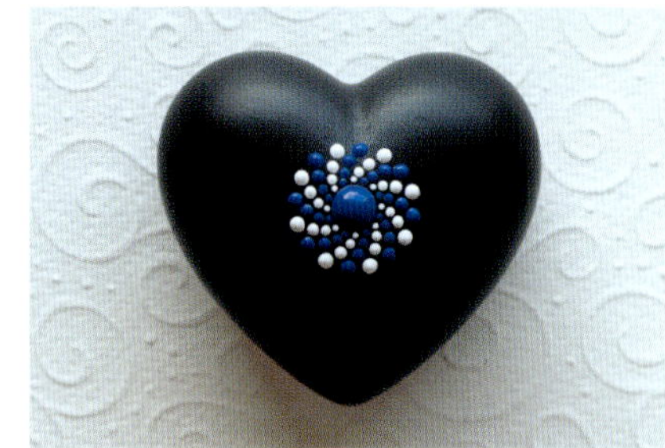

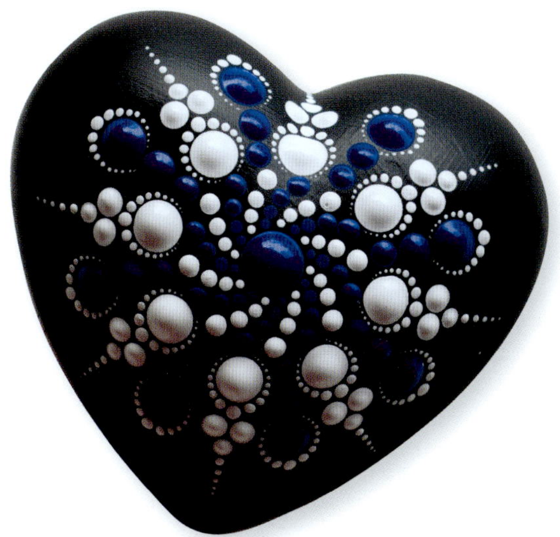

5 Setze jetzt acht weiße Punkte auf 12, 6, 3, und 9 Uhr und jeweils einen in jede Lücke. Die Punkte sollten so groß wie der Mittelpunkt sein. Schmücke sie mit Walking Dots.

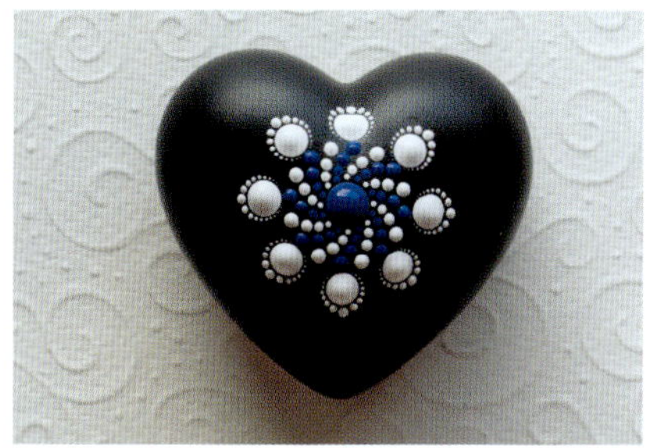

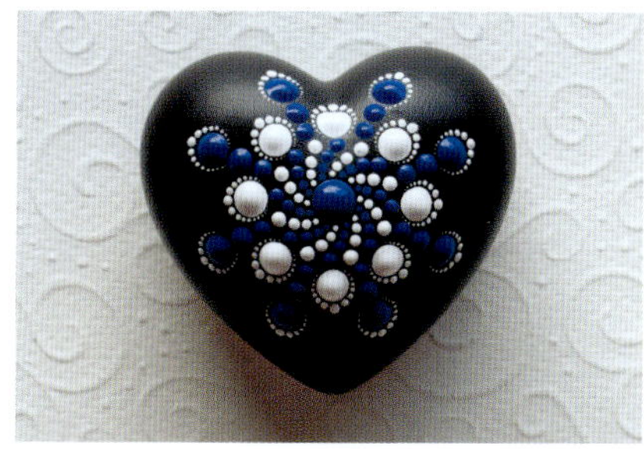

6 Setze zwischen den Walking Dots drei immer größer werdende blaue Punkte übereinander und umrande den größten mit weißen Walking Dots.

7 In die entstandenen Lücken kannst du auf die weißen Walking Dots zwei weiße Punkte nebeneinander machen und einige Walking Dots nach außen.

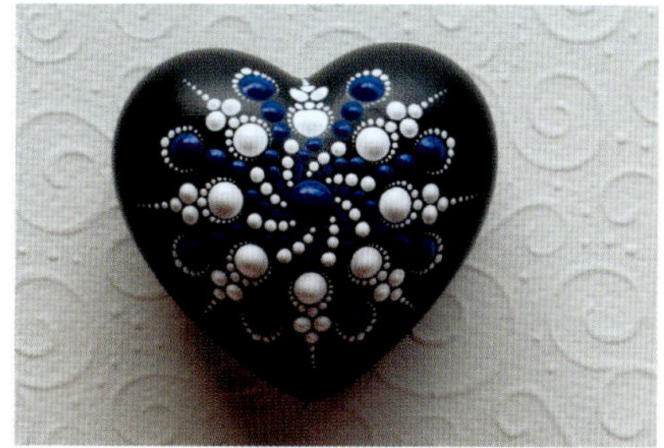

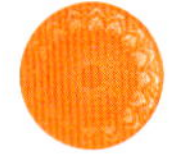 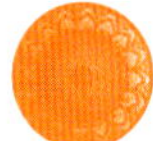 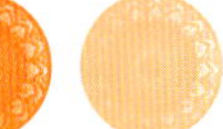

# Sommerliebe

## DU BRAUCHST:

- Herz Mittel
- Acrylfarbe in Weiß, Rot
- Farbverlauf mit 4 Stufen in Orange (Gelb + Rot)
- Dotting Tools

1 Auf das in Rot grundierte Herz einen Mittelpunkt im dunkelsten Orangeton setzen. Um ihn herum setzt du sechs gleich große Punkte im gleichen Farbton. Die kleinen Lücken füllst du mit kleinen Punkten im hellsten Orangeton. Auf die kleinen orangen Punkte setzt du größere Punkte, die eine Stufe heller und etwas kleiner sind als der Mittelpunkt.

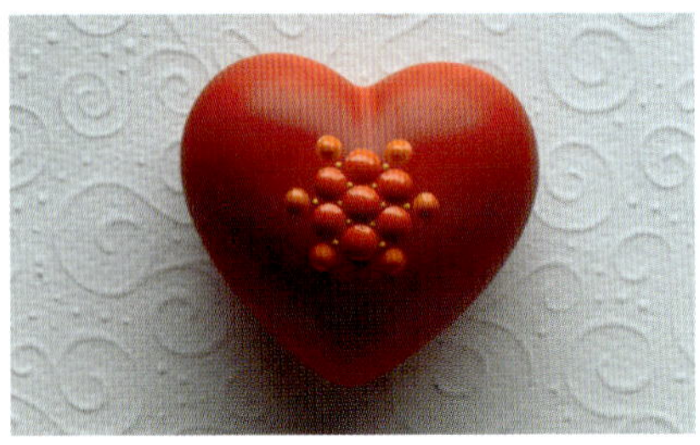

2 Diese Punkte mit weißen Walking Dots umranden.

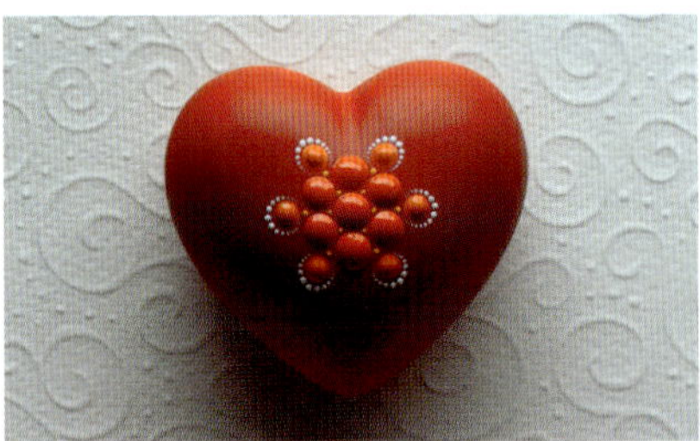

3 Anschließend setzt du ein Element mit vier Punkten, Anordnung 1-2-1, nochmals eine Stufe heller zwischen die Punkte aus Schritt 2.

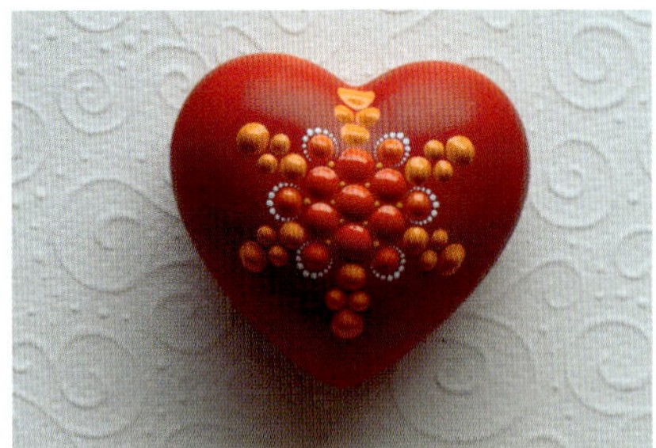

4 Die größten der vier Punkte mit weißen Walking Dots umranden.

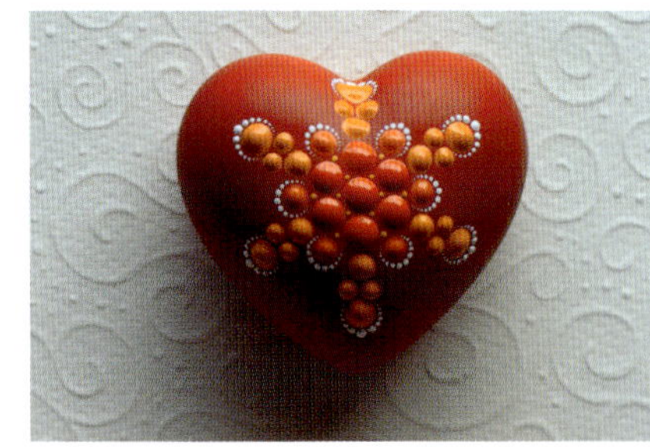

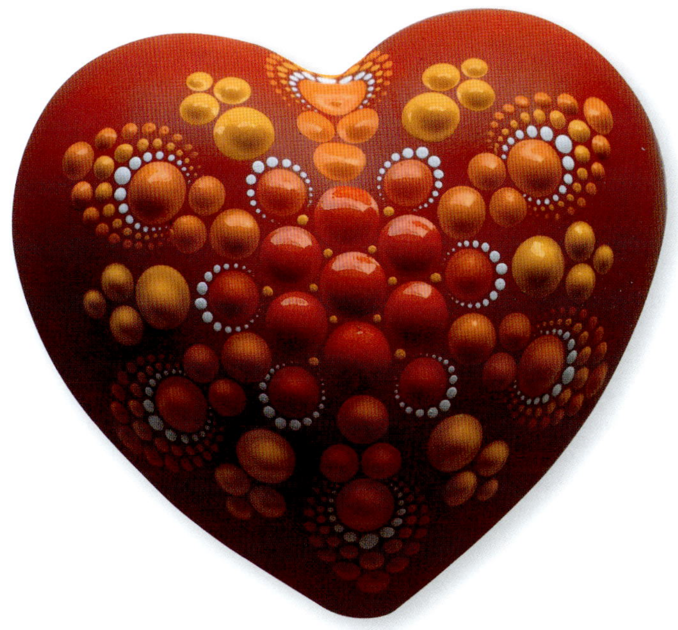

5 Auf die weißen Walking Dots weitere Walking Dots im hellsten Farbton setzen, danach nochmals eine Stufe dunkler.

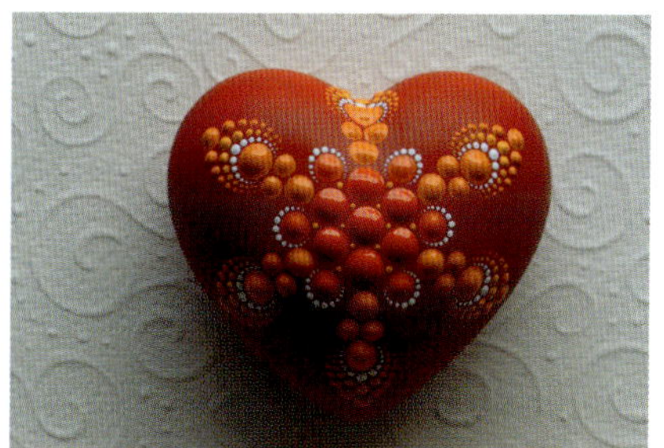

6 Im hellsten Farbton kannst du jetzt ein Element mit vier Punkten machen, Anordnung 1-2-1, wobei der erste der größte und der letzte der kleinste Punkt ist.

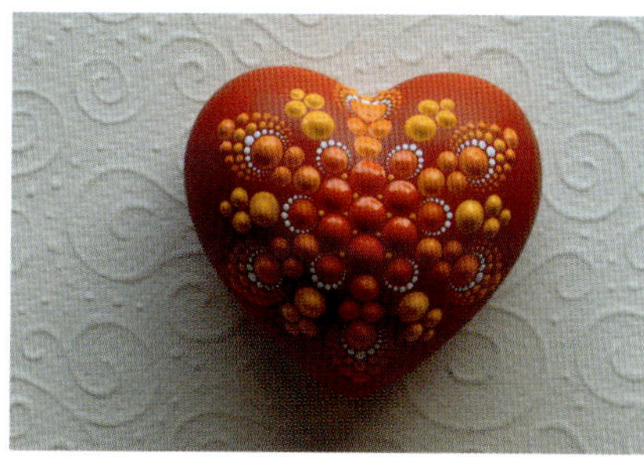

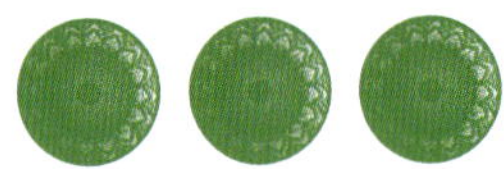

# Freundschaft

## DU BRAUCHST:

- Herz Groß
- Acrylfarbe in Weiß, Schwarz, Gelb
- Farbverlauf mit 3 Stufen in Grün (Blau + Gelb)
- Dotting Tools

1 Auf das mit Schwarz grundierte Herz setzt du einen weißen großen Mittelpunkt und 16 kleine Punkte im ersten Kreis. Mache im zweiten Kreis und deinem dunkelsten Grünton 16 größere Punkte etwas versetzt (Fibonacci-Muster).

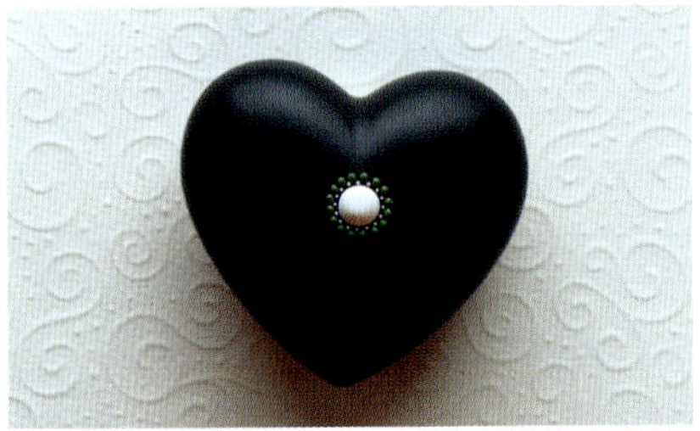

2 Mache im dritten Kreis mit dem mittleren Grünton acht größere Punkte mit deinem größten Kugeltool auf 12, 3 und 9 Uhr und jeweils einen dazwischen. Schmücke diese grünen Punkte mit weißen Walking Dots.

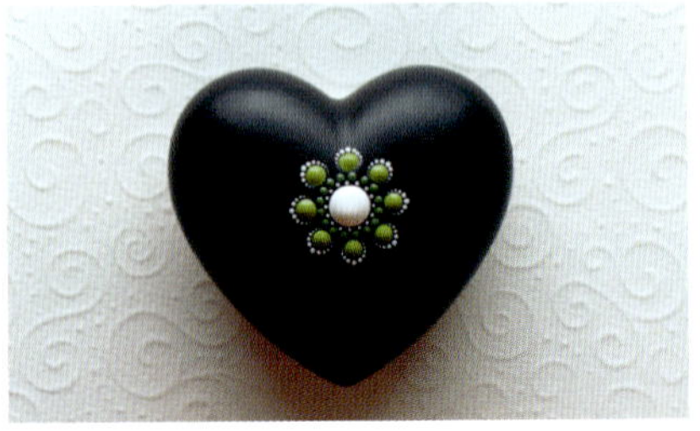

3 In die Lücken zwischen den Walking Dots setzt du nun jeweils drei gelbe, immer größer werdende Punkte, so dass die Lücke komplett gefüllt ist.

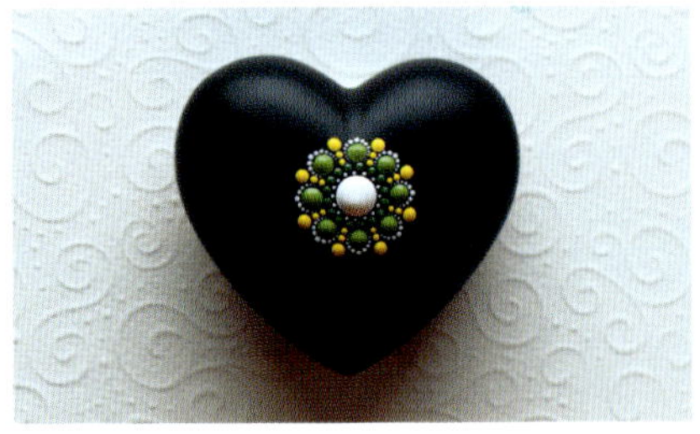

4 Oberhalb vom dritten gelben Punkt einen größeren Punkt im hellsten Grünton machen und mit weißen Walking Dots umranden.

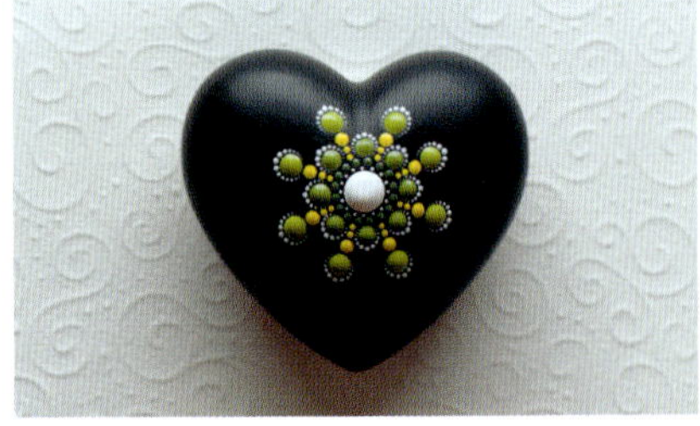

5 In die verbliebenen Lücken setzt du ein Element mit vier Punkten in der Anordnung 1-2-1 im dunkelsten Grünton. Der

oberste Punkt soll dabei so groß wie der Mittelpunkt sein. Diesen großen Punkt schmückst du mit weißen Walking Dots.

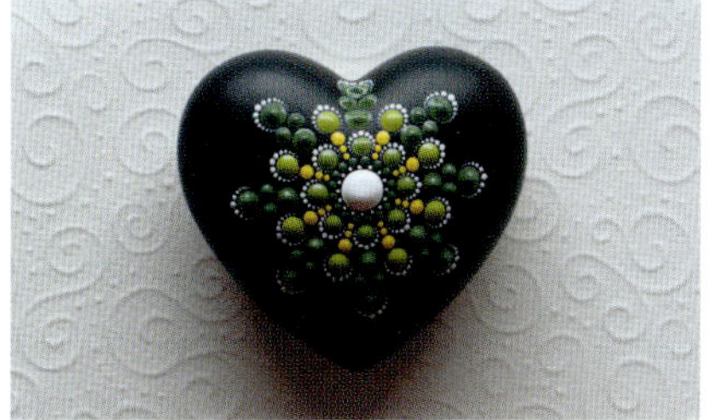

6 In die Lücken ein Element mit drei Punkten setzen. Als erstes im mittleren Grünton zwei kleinere Punkte nebeneinander. Danach setzt du mittig über diese zwei Punkte einen großen Punkt im hellsten Grünton und schmückst ihn mit weißen Walking Dots.

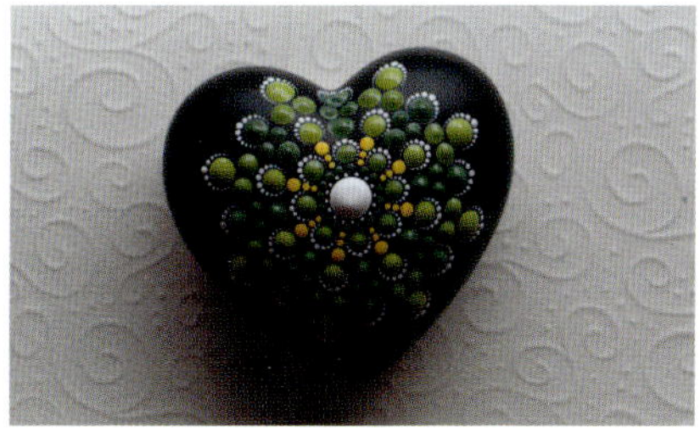

7 Dicht an die weißen Walking Dots mit dem kleinsten Kugeltool und ganz viel gelber Farbe Swipes der Variante 1 setzen. Anschließend einen weißen Punkt mit dem mittleren Kugeltool machen, direkt neben den Ansatz der gelben Swipes. Setze dann mit dem kleinsten Kugeltool und ganz wenig weißer Farbe feine Walking Dots vom weißen Punkt aus in Richtung Mittelpunkt.

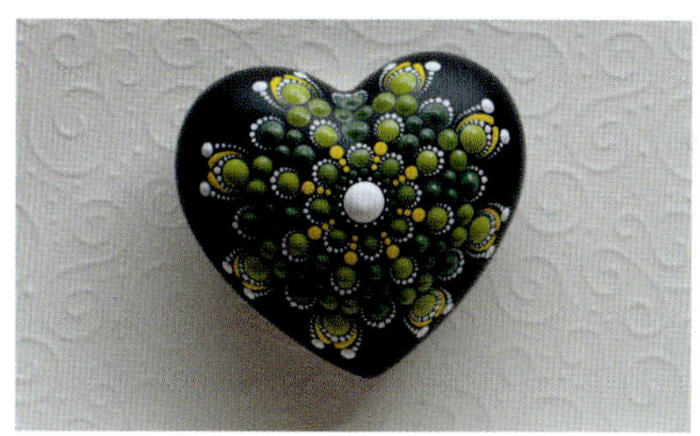

8 Als nächstes setzt du noch ein Element mit drei Punkten in die verbliebenen Lücken zwischen den weißen Walking Dots in der Anordnung 2-1 im dunkelsten Grünton.

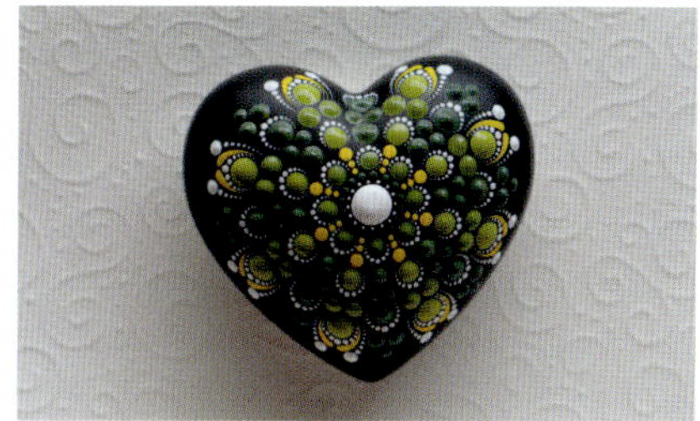

9 Zum Abschluss kannst du auf die getrockneten großen Punkte neue Punkte (Top Dots) setzen. Ich empfehle dir für jeden Punkt Top Dots in einem Farbton zu machen der 1-2 Stufen heller ist als der Punkt selbst.

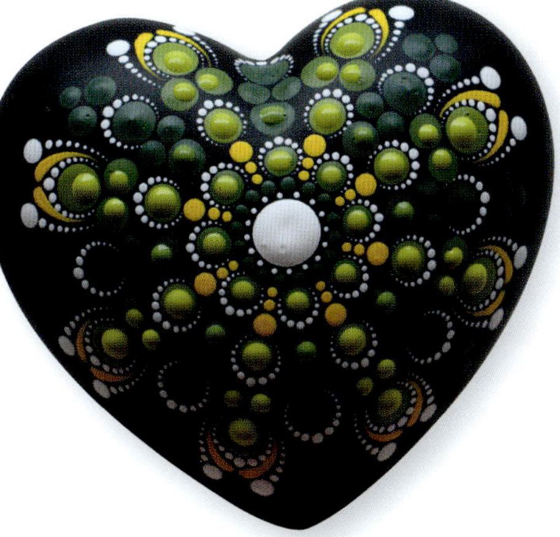

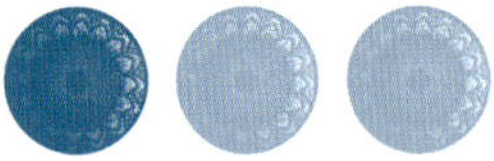

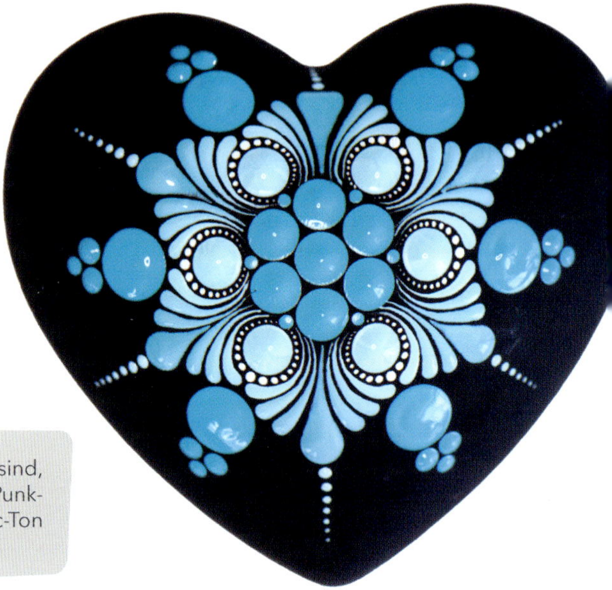

Tipp

Wenn die Punkte getrocknet sind, kannst du auf diese kleinere Punkte in einem passenden Metallic-Ton oder Perlmuttweiß setzen.

# Eiskristall

## DU BRAUCHST:

- Herz Mittel
- Farbverlauf mit 3 Stufen in Türkis (Blau + Weiß)
- Acrylfarbe in Schwarz, Weiß
- Dotting Tools

1 Grundiere deinen Herz-Stein in Schwarz. Setze im dunkelsten Farbton mit einem großen Kugeltool oder einem kleineren Stäbchentool den Mittelpunkt und platziere sechs gleich große Punkte dicht um ihn herum. Beginne dabei mit dem Punkt auf 12 Uhr und mache danach den nächsten Punkt auf 6 Uhr. Zum Schluss füllst du die Lücken links und rechts mit jeweils zwei Punkten.

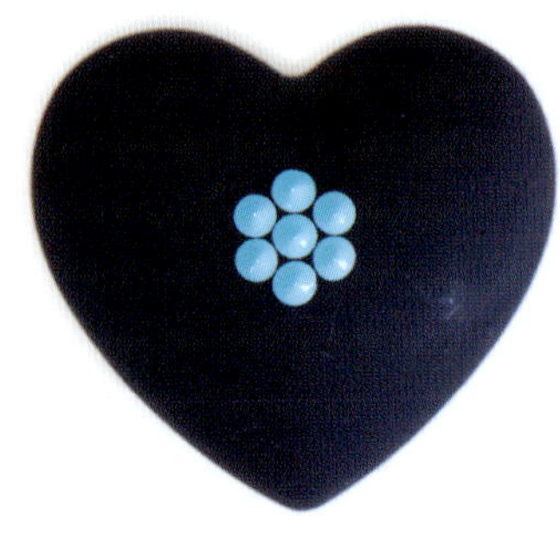

2 Platziere in die Lücken zwischen den Punkten ganz kleine Punkte und darüber Punkte in der Größe des Mittelpunktes in deinem hellsten Farbton.

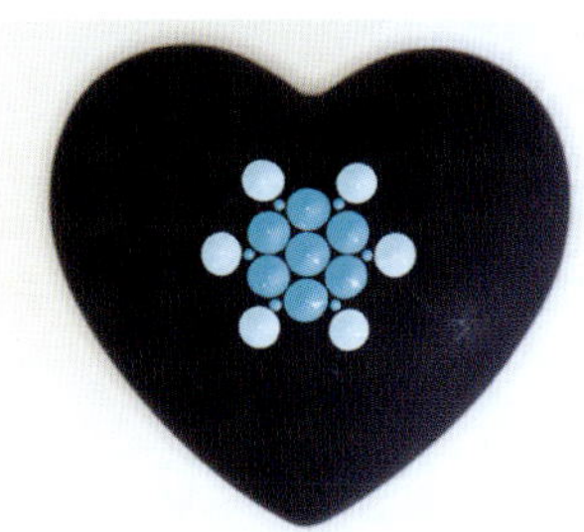

3 Um die hellen Punkte platzierst du nun weiße Walking Dots.

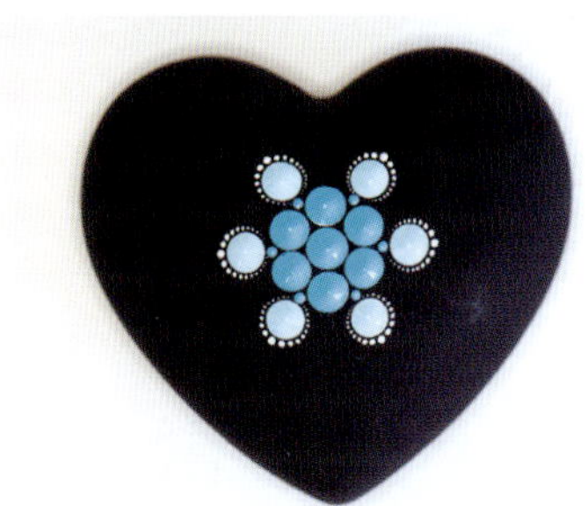

4 Ziehe anschließend die Swipes (Variante 1) dicht an den Walking Dots und nah aneinander, bis sich die Lücke füllt. Beginne dazu mit dem hellsten Farbton.

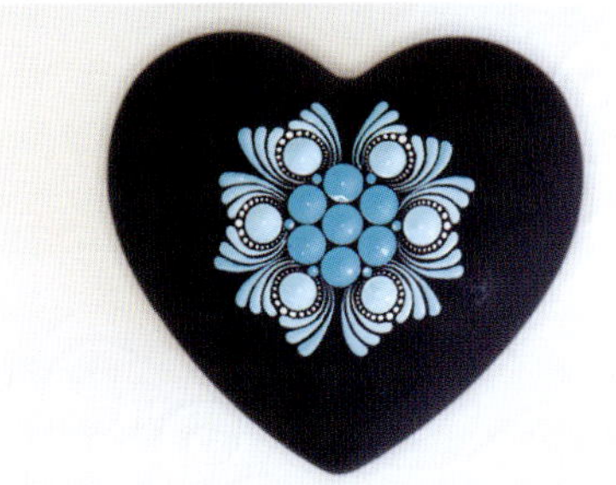

5 Fülle die verbliebene Lücke mit einem Swipe der Variante 2.

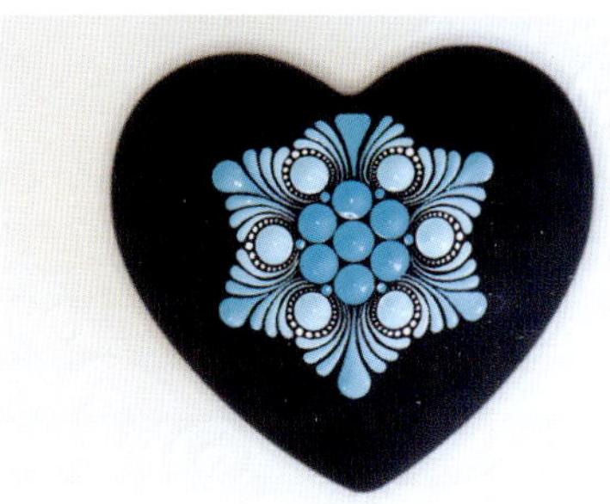

6 Mache dort, wo die Swipes eine Lücke hinterlassen haben, einen Punkt, der größer ist als der Mittelpunkt und anschließend drei kleine Punkte oberhalb dieses Punktes.

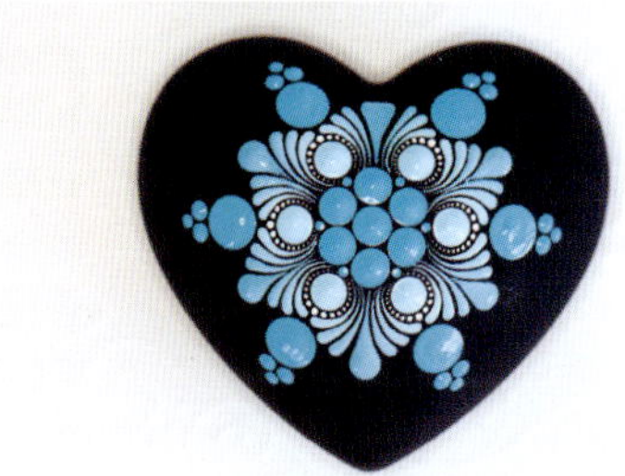

7 Jetzt kannst du feine Walking Dots vom größten Swipe nach außen setzen.

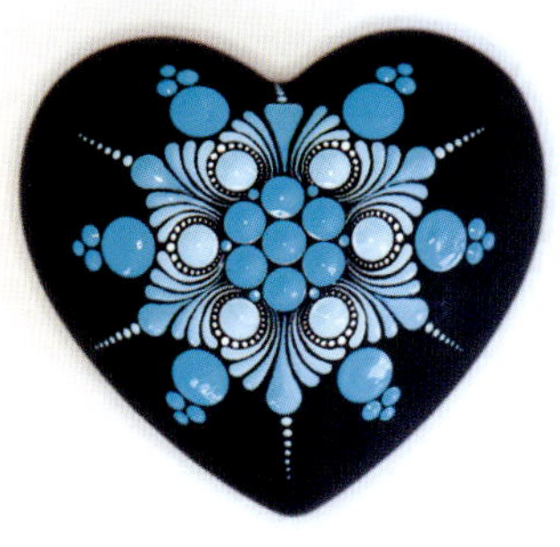

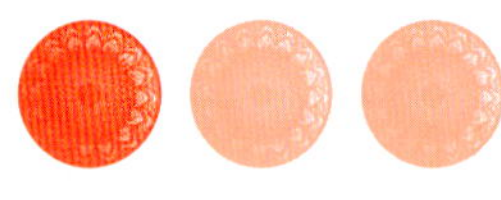

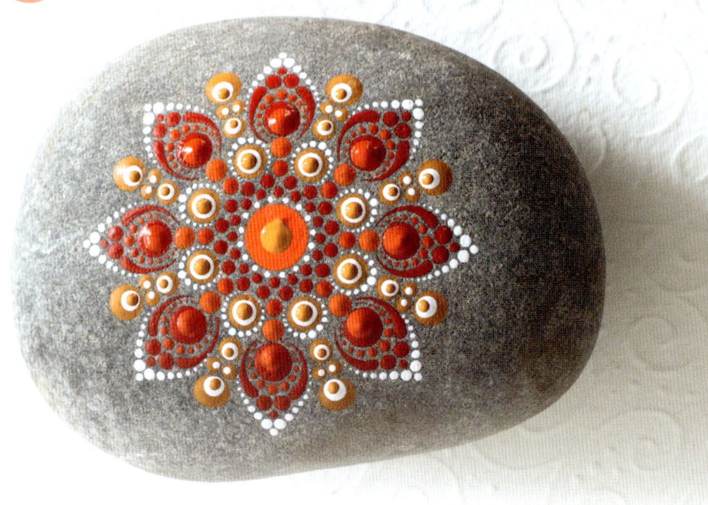

# Mandalazart

## DU BRAUCHST:

- ca. 8 cm Malfläche, Naturstein
- Acrylfarbe in Gelb, Orange, Rot, Weiß
- Dotting Tools

1 Setze einen Mittelpunkt und 16 kleine weiße Punkte um ihn herum. Nun setzt du zwei Kreise mit der Fibonacci-Spirale (siehe Seite 18) in Rot fort. Im dritten Kreis angekommen, setzt du jeweils einen größeren Punkt in Gelb in jede zweite Lücke. Anschließend platzierst du um diese gelben Punkte Walking Dots.

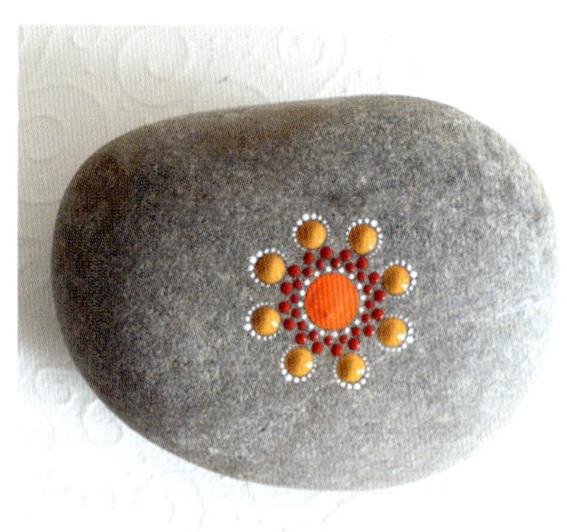

2 Zwischen die großen gelben Punkte kleine rote Punkte setzen. Über diese roten Punkte etwas größere rote Punkte und über diese roten Punkte nochmals große rote Punkte mit roten Walking Dots platzieren.

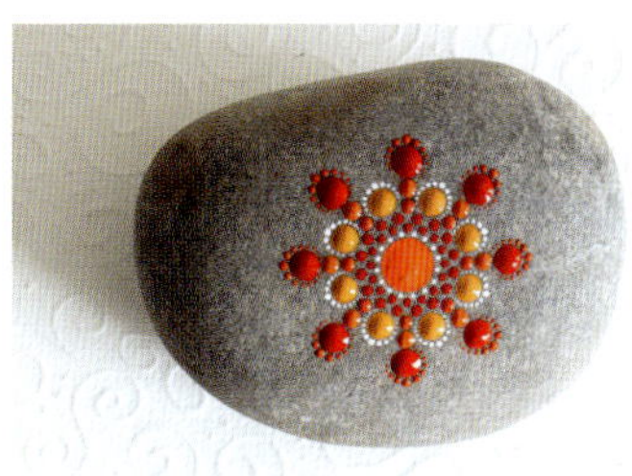

3 Über den roten Walking Dots zwei gleich große Punkte setzen und einen kleineren Punkt darüber platzieren. Von diesen Punkten aus Swipes der Variante 1 um den Punkt herumziehen.

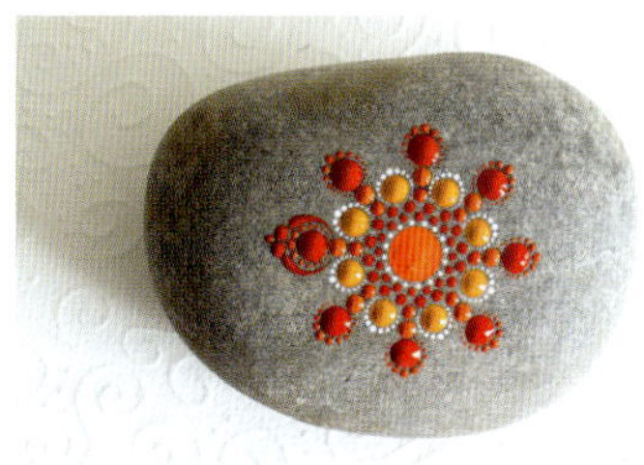

4 Zwischen den Swipes Punkte in Gelb setzen, so groß, dass die Lücke gefüllt ist, ausgehend von der kleinsten Lücke. Über diesen Punkten jeweils zwei kleine Punkte setzen und dann noch einen großen.

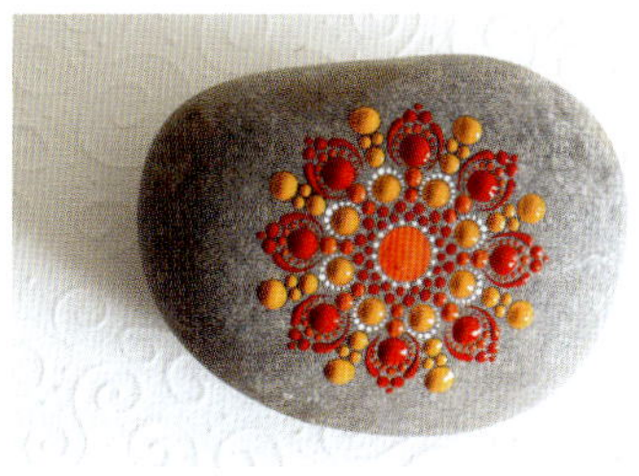

5 Über die roten Swipes-Elemente zwei kleine weiße Punkte setzen und einen kleineren obendrauf. Anschließend Walking Dots nach unten aufbringen.

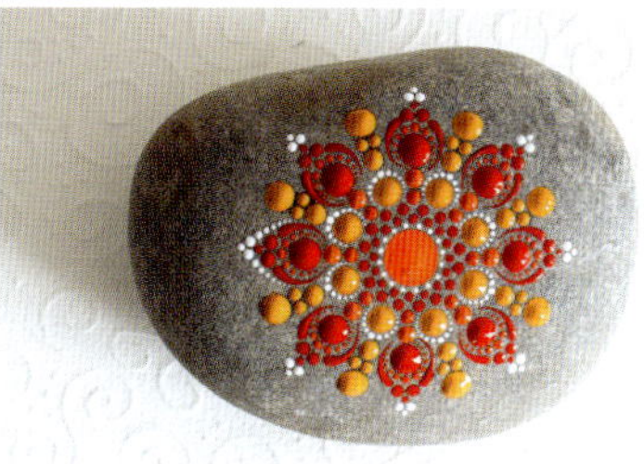

6 Wenn alles gut getrocknet ist, Top Dots in Weiß auf alle gelben Punkte und in Orange auf alle roten Punkte setzen.

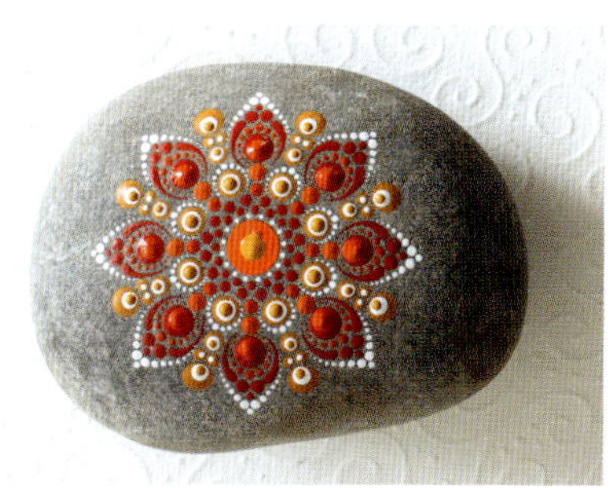

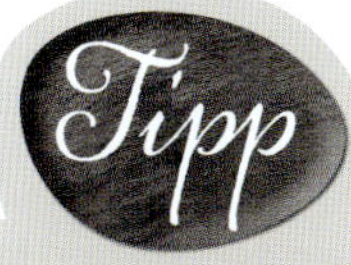


Wenn die Top Dots getrocknet sind, kannst du auch noch weitere Top Dots auftragen.

Hast du einen porösen Naturstein, mische die Farbe etwas flüssiger. So kann sie besser in die Löcher des Steins fließen und die Punkte werden schön und rund. Gesso eignet sich auch hier sehr gut zum Glätten der Oberfläche. Du kannst deine Natursteine grundieren oder so verwenden wie sie sind. Und das Schöne am Ganzen ist: Da der Stein ohnehin asymmetrisch ist, musst du dir nicht den Kopf über seine Mitte zerbrechen.

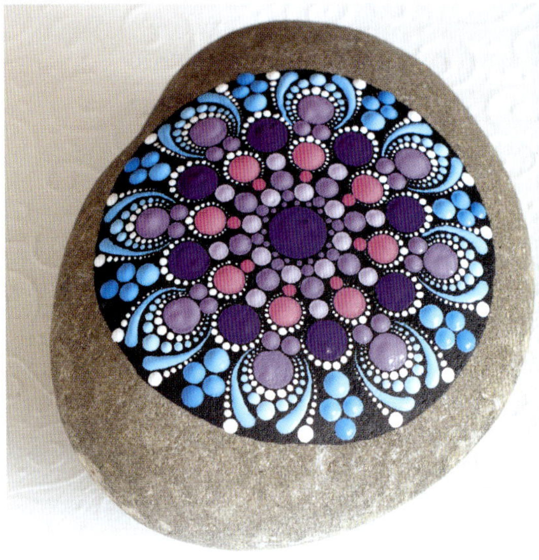

# Bunter Flusskiesel

## DU BRAUCHST:

- ca. 10 cm Malfläche, Naturstein
- Acrylfarbe in Schwarz, Weiß, Rosa (Rot + Weiß)
- Farbverlauf mit 3 Stufen in Violett (Blau + Rot)
- Farbverlauf mit 3 Stufen in Blau (Blau + Weiß)
- Zirkel
- Dotting Tools

1 Markiere mit dem Bleistift die Mitte deines Steins und zeichne mit dem Zirkel einen großen Kreis. Tupfe danach auf den markierten Mittelpunkt ein wenig Farbe und lasse diese trocknen.

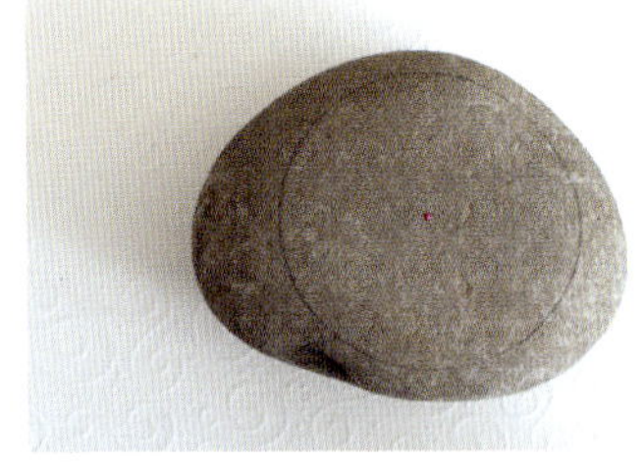

2 Male den Kreis mit schwarzer Farbe aus. Nach dem Trocknen solltest du den markierten Mittelpunkt noch erkennen können.

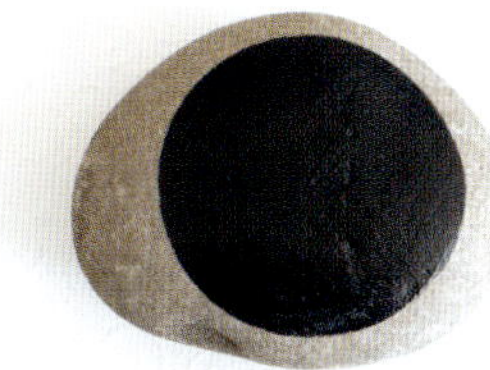

3 Setze auf den markierten Mittelpunkt einen großen Punkt in Violett. Darauf folgen 16 kleine Punkte im ersten Kreis und acht etwas größere Punkte in jeder zweiten Lücke des zweiten Kreises. Zwischen diese größeren Punkte platzierst du nun weitere acht Punkte, die etwas größer sind als die bisherigen acht im selben Kreis. Wähle für diese Punkte einen helleren Farbton.

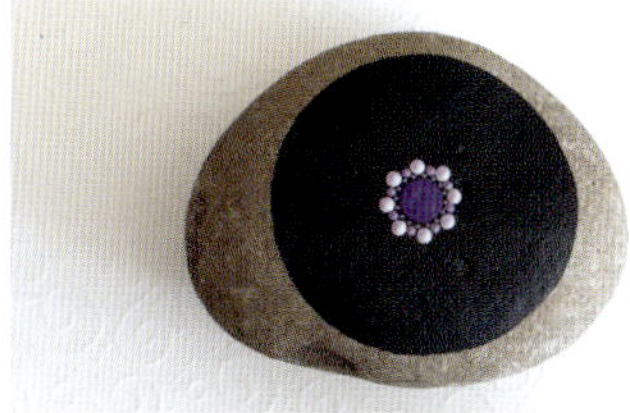

4 Oberhalb der kleinen Punkte des zweiten Kreises, im dritten Kreis größere Punkte setzen. Dazwischen kleine Punkte in Pink und auf diese Punkte wiederum große Punkte in Pink auftragen. Diese kannst du anschließend mit weißen Walking Dots umranden.

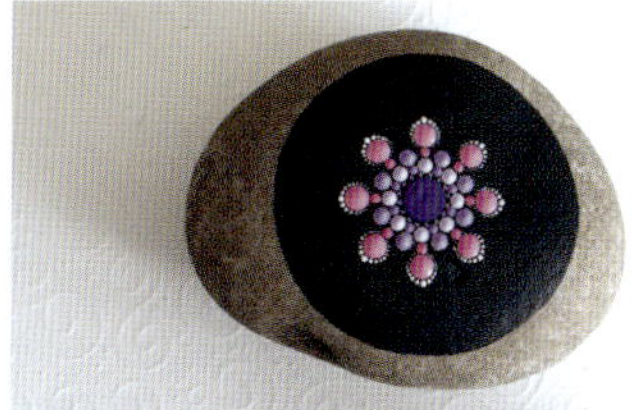

5 Oberhalb der violetten Punkte setzt du nun kleine violette Punkte und darüber wieder große dunkle violette Punkte mit weißen Walking Dots. Zwischen diesen Walking Dots jeweils zwei kleine helle violette Punkte nebeneinandersetzen.

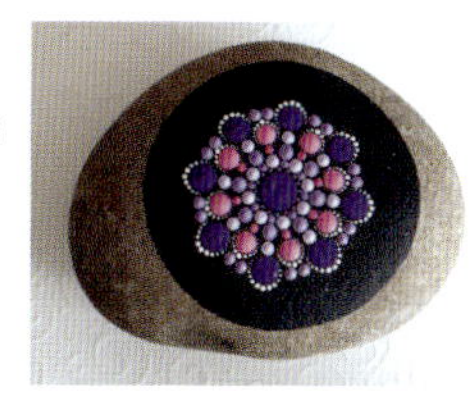

6 Oberhalb dieser zwei hellen Punkte einen großen violetten Punkt setzen und mit weißen Walking Dots schmücken. Über die weißen Walking Dots blaue Walking Dots setzen und blaue Swipes der Variante 1 neben diese malen. In die Mitte zwischen den Swipes je einen blauen Punkt setzen.

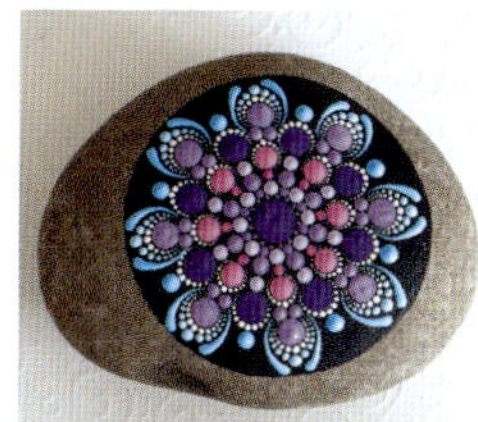

7 Oberhalb des blauen Punktes, nebeneinander zwei weitere blaue Punkte setzen und darauf einen weiteren. Werde dabei im Farbton nach außen immer dunkler. Abschließend setzt du neben die blauen Swipes noch feine weiße Walking Dots.

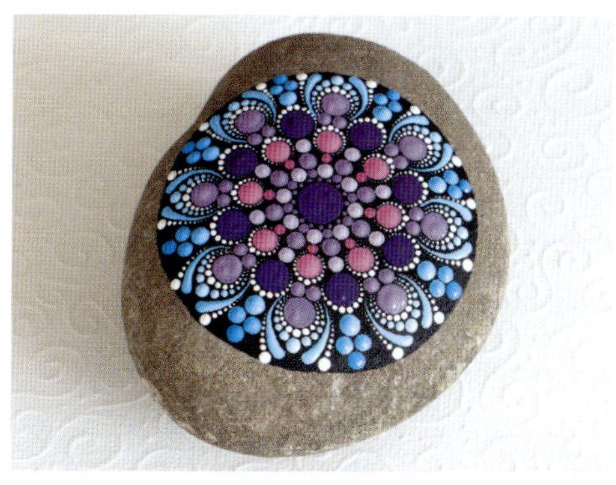

## DIE AUTORIN

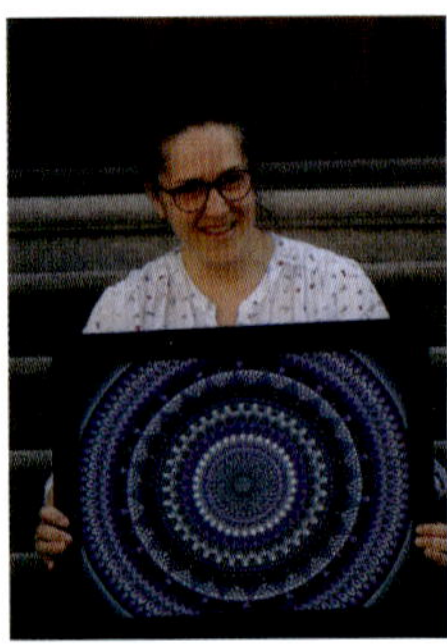

Maja Condamin, auch bekannt als „Mandalas by Maja", wurde 1987 geboren und wohnt in der Schweiz, wo sie sich 2020 in das Dot Painting verliebte und ganze Nächte lang damit verbrachte, die Kunst mit den Steinen und Punkten zu erlernen, bis sie ihr Hobby schließlich zum Beruf machte. Seitdem teilt sie täglich mit einer großen, internationalen Community ihre Werke, Ideen und Videos. In ihren Live-Workshops und Onlinekursen lehrt sie ihre Kursteilnehmer:innen die Techniken der Punktmalerei, hilft dabei ein außergewöhnliches neues Hobby zu entdecken und mithilfe von Farben und Punkten einen Ausgleich zum stressigen Alltag zu finden.

Instagram: @mandalasbymaja
Facebook: @mandalasbymaja
Website: www.mandalasbymaja.com

## KREATIV-HOTLINE

Hilfestellung zu allen Fragen, die Materialien und Bücher zu kreativen Hobbys betreffen:
Frau **Erika Noll** berät Sie. Rufen Sie an oder schreiben Sie eine E-Mail!
**Telefon: 0711 / 123 757 20***
**E-Mail: mail@kreativ-service.de**

*normale Telefongebühren

## IMPRESSUM

SCHRITTFOTOS: Maja Condamin
COVERFOTO: lichtpunkt, Michael Ruder, Stuttgart
PRODUKTMANAGEMENT: Galina Mosebach
LEKTORAT: Anouk Ruhmann
COVERGESTALTUNG: Melanie Herrmann, Eva Hook
HERSTELLUNG: Katrin Röhlig



3. Auflage 2024


ISBN: 978-3-7358-9047-4 • Best.-Nr. 29047

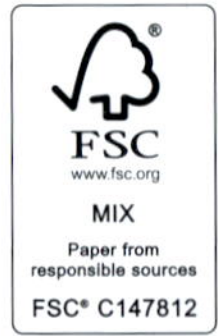


Penguin Random House Verlagsgru
FSC® N001967